CB036382

A.J.D.O.

1918

Arin Murphy-Hiscock

o Bem-Estar da BRUXA NATURAL

GUIA COMPLETO

DARKLOVE.

The Witch's Book of Self-Care

Publicado mediante acordo com Adams Media, selo
da Simon & Schuster, Inc., 1230 Avenue of the Americas,
New York, NY 10020, USA.

Capa baseada no design original de Katrina Machado
Imagens do Miolo © Dreamstime, © Freepik, Karl Blossfeldt

Tradução para a língua portuguesa
© Cláudia Mello Belhassof, 2023

Diretor Editorial
Christiano Menezes

Diretor Comercial
Chico de Assis

Diretor de Novos Negócios
Marcel Souto Maior

Diretora de Estratégia Editorial
Raquel Moritz

Gerente de Marca
Arthur Moraes

Gerente Editorial
Marcia Heloisa

Editora
Nilsen Silva

Capa e Projeto Gráfico
Retina 78

Coordenador de Diagramação
Sergio Chaves

Designers Assistentes
Jefferson Cortinove
Ricardo Brito

Preparação
Jane Rotta

Revisão
Carina Melazzi
Pamela P. C. Silva
Victoria Amorim

Finalização
Sandro Tagliamento

Marketing Estratégico
Ag. Mandíbula

Impressão e Acabamento
Ipsis Gráfica

DADOS INTERNACIONAIS DE CATALOGAÇÃO NA PUBLICAÇÃO (CIP)
Jéssica de Oliveira Molinari - CRB-8/9852

Murphy-Hiscock, Arin
O bem-estar da bruxa natural / Arin Murphy-Hiscock;
tradução de Cláudia Mello Belhassof. — Rio de Janeiro :
DarkSide Books, 2023.
256 p.

ISBN: 978-65-5598-247-3
Título original: The Witch's Book of Self-Care

1. Feitiçaria 2. Ciências ocultas
I. Título II. Belhassof, Cláudia Mello

23-1332 CDD 133.4

Índice para catálogo sistemático:
1. Feitiçaria

[2023, 2025]

***DarkSide*® *Entretenimento* LTDA.**
Rua General Roca, 935/504 — Tijuca
20521-071 — Rio de Janeiro — RJ — Brasil
www.darksidebooks.com

Arin Murphy-Hiscock

o Bem-Estar da BRUXA NATURAL

GUIA COMPLETO

DE MAGIA PRÁTICA
PARA MENTE,
CORPO & ESPÍRITO

TRADUÇÃO
CLÁUDIA MELLO BELHASSOF

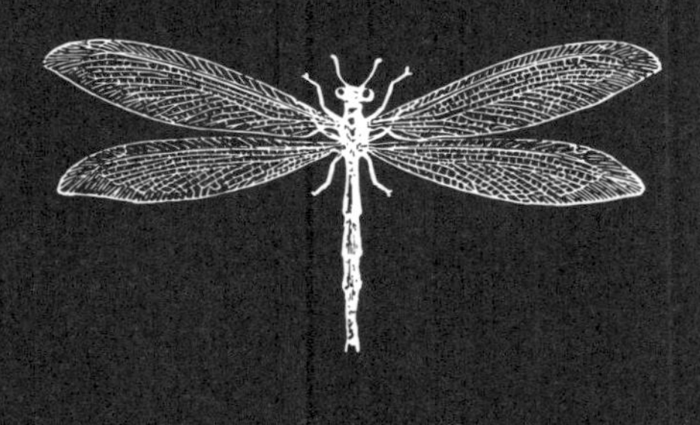

Para Ceri e Megan, que me dão broncas carinhosas para eu respeitar meus limites e parar de me sentir culpada por precisar de pausas. Obrigada, garotas. Eu não conseguiria fazer isso sem vocês. Vamos tomar sorvete e girar roletas para sempre.

SUMÁRIO

Capítulo 4

Capítulo 5

Introdução

Em linhas gerais, dedicar-se ao autocuidado tem a ver com respeito próprio. O autocuidado permeia tudo que é relacionado a cuidar de si mesma,[*] assumir essa postura e declarar que, sim, você é importante e tem valor. O autocuidado faz parte dos seus esforços para ser a melhor pessoa possível. Essa ideia também diz respeito à magia, que é a parceira ideal do autocuidado. Um dos seus principais focos é a cura — de si mesma, da terra, da humanidade e da natureza. Nesse sentido, magia e autocuidado andam de mãos dadas.

O Bem-Estar da Bruxa Natural te ajuda a explorar maneiras de se reconectar consigo mesma, reservar um tempo para si, aprender a vivenciar momentos do seu dia com atenção plena e honrar a si mesma e à sua saúde espiritual e emocional. Por meio do autocuidado mágico, você utilizará as energias de ingredientes naturais — como ervas, pedras e elementos — para cuidar de si mesma no campo espiritual.

[*] Embora a autora se refira à leitora e à bruxa como "ela" ao longo deste livro, o caminho não exclui praticantes de outros gêneros. (As notas são da editora.)

Nestas páginas, você vai descobrir atividades para encontrar equilíbrio, recarregar sua energia, examinar o comportamento autodestrutivo e torná-lo mais saudável, bem como meditações destinadas a te ajudar a retomar o contato consigo mesma, no sentido espiritual ou de qualquer outra forma.

Cuidar da sua energia e da sua saúde emocional, física e mental são tarefas essenciais, e todas podem ser aprimoradas com a magia. Ser o que você tem de melhor faz parte do que torna o mundo um lugar melhor. Este livro pode ser aquele primeiro passo para explorar como a magia e o autocuidado podem se unir para apoiar seus esforços em se tornar a melhor versão possível de si mesma.

Autocuidado e Magia

Capítulo 1

Autocuidado é uma palavra da moda nos dias de hoje. Mas, assim como as representações da magia na mídia, as representações do autocuidado podem ser confusas. O que é o autocuidado? Fazer as unhas na manicure ou comprar uma bolsa nova pode ser considerado autocuidado? Se não for, o que é, então? Simplificando, o autocuidado é qualquer atividade que você realiza para cuidar da sua saúde mental, emocional ou física.

A magia se encaixa muito bem no conceito de autocuidado, porque ela significa ouvir sua voz interior e as mensagens que o Divino e a natureza têm para você. Aproveitar cada momento dessa maneira faz com que você se abra para um mundo íntimo de informações que apoiam o seu bem-estar. A magia e o autocuidado são excelentes parceiros no caminho para uma vida equilibrada e gratificante.

Este capítulo não só vai explorar o que é autocuidado e alguns de seus estereótipos prejudiciais, mas também fornecerá algumas informações básicas sobre as técnicas mágicas que você vai usar nos capítulos posteriores deste livro.

Os objetivos do autocuidado

Os objetivos do autocuidado são simples:

- Mente saudável;
- Corpo saudável;
- Espírito saudável.

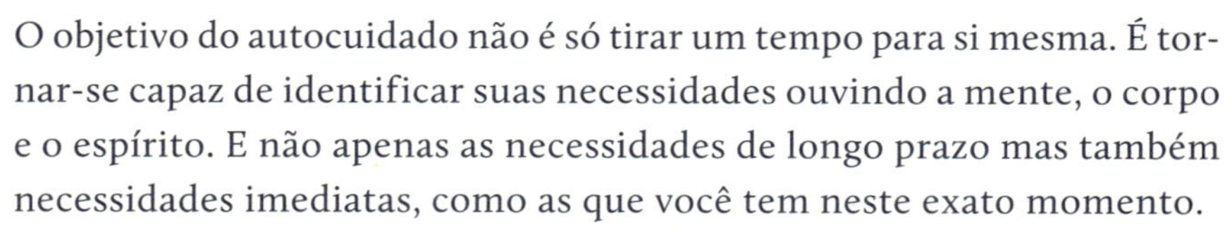

O objetivo do autocuidado não é só tirar um tempo para si mesma. É tornar-se capaz de identificar suas necessidades ouvindo a mente, o corpo e o espírito. E não apenas as necessidades de longo prazo mas também necessidades imediatas, como as que você tem neste exato momento.

Quão difícil pode ser ouvir a si mesma? Bem difícil, pelo visto, pois uma porcentagem impressionante da população tem dificuldade para dormir, problemas de ansiedade, depressão e uma sensação contínua de fracasso.

Cuidar de si mesma é mais do que se alimentar e buscar ter um teto sobre a cabeça. Significa tratar a si mesma com a gentileza que você estende a todos ao seu redor. Significa apoiar a si mesma do mesmo jeito que apoia as pessoas que ama.

As mulheres, em especial, têm dificuldade com essa questão do autocuidado, embora esse não seja um problema exclusivo delas. Elas são criadas para cuidar das pessoas ao redor, negando ou minimizando as próprias necessidades, e isso leva a um apagamento da autovalorização e a um adiamento constante do rejuvenescimento ou da atenção às próprias necessidades de apoio e cuidado. Essa situação, por sua vez, pode gerar raiva e ressentimento.

Autocuidado significa considerar-se uma pessoa digna e apresentar-se como valiosa, capaz e merecedora. Em outras palavras, o autocuidado busca corrigir um desequilíbrio que se desenvolve quando você não cuida direito de si mesma, seja por desatenção ou por escolha.

O autocuidado também não precisa envolver tarefas elaboradas e extravagantes. Na verdade, ele funciona melhor se for feito em pequenas doses regulares: isso ajuda a impedir que você chegue a um ponto em que é necessário algo elaborado para causar impacto em como se sente. Esse tipo de autocuidado gradativo também é benéfico, porque pequenos gestos não exigem muito tempo; então diminui-se a sensação de roubar tempo que deveria ser destinado a outras responsabilidades ou outras pessoas. Isso pode ajudar a evitar o sentimento de egoísmo, que às vezes acompanha as atividades de autocuidado.

Com frequência, o egoísmo está na raiz dos estereótipos de autocuidado. O trabalho mágico é capaz de combater esse sentimento, pois costuma funcionar em um nível interno invisível, no qual outras pessoas não podem julgar.

A magia como autocuidado

Um dos principais focos da magia é a cura — de si mesma, da terra, da humanidade e da natureza. Nesse sentido, magia e autocuidado andam de mãos dadas. O autocuidado é um jeito de preservar sua saúde, curar seu espírito e conservar, ou melhorar, sua saúde emocional, mental e física. A magia ajuda no autoempoderamento e no controle sobre a vida, o que a incentiva a focar em si mesma e a se tornar a melhor pessoa que você pode ser. Tudo isso combina bem com o objetivo geral do autocuidado.

A prática da magia busca estabelecer ou equilibrar a conexão entre um indivíduo e o ambiente. Se um aspecto espiritual é acrescentado, a magia também busca equilibrar ou manter a conexão entre o indivíduo e o Divino.

Autocuidado gradativo

As pessoas tendem a dizer: “Ah, é só você fazer exercícios que a depressão vai desaparecer” ou “Faça ioga e você vai ser uma pessoa muito melhor em termos espirituais!”.

Não é assim que o autocuidado funciona. Ele é uma combinação entrelaçada e complexa de centenas de pequenos atos e de uma mudança de atitude. Usar só um dos rituais, feitiços ou práticas deste livro não vai resolver seus problemas. Mas cada um deles vai fazer você se sentir um pouco melhor e, com sorte, vai te ajudar a entender que é digna de autocuidado e merece reservar para si o tempo e a atenção de que precisa. Mesmo que isso não faça seu cansaço desaparecer por completo, cuidar de si mesma ainda é algo valioso. Limpar um cômodo não vai eliminar sua ansiedade, mas vai tornar o ambiente mais saudável e confortável, e isso é importante.

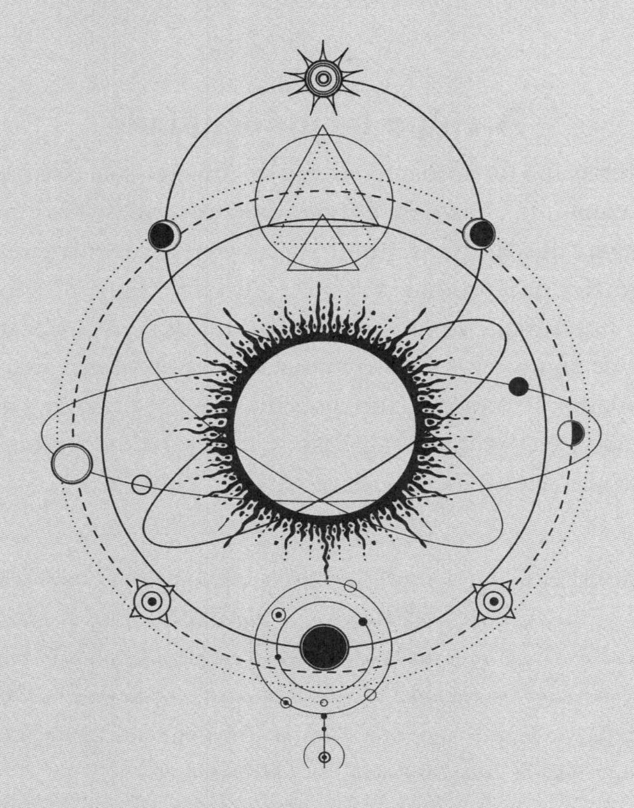

Lutando contra os estereótipos do autocuidado

A mídia promove "soluções" de autocuidado sob a forma de dias no spa e "*shopping* terapia". Isso é frustrante, porque essas soluções pressupõem que você faça parte de determinada classe com determinadas opções disponíveis. Elas deduzem que você tenha uma renda sobrando, que deseje essas coisas e negue-as a si mesma por algum motivo, e que tenha tempo para realizar tais atividades, mesmo que seja apenas como um agrado.

As sugestões da mídia também pressupõem que buscar esse tipo de atividade preencherá uma lacuna na sua vida, implicando que, caso o envolvimento em uma delas não consiga preencher o vazio no seu coração, há algo de anormal. Tenha coragem! A visão da mídia não precisa se alinhar com a sua noção de autocuidado... e, na verdade, é mais saudável que não se alinhe.

A culpa no autocuidado

Outro estereótipo do autocuidado é o de uma pessoa esparramada em um sofá, comendo chocolate e ignorando as tarefas. Ele é prejudicial porque sugere que tirar uns minutos para si mesma, entre uma tarefa e outra, significa decepcionar de algum jeito um "alguém" não especificado. Isso implica que se você não estiver imersa em cuidar das coisas, vai falhar de alguma forma. Esse é um dos estereótipos mais prejudiciais associados ao autocuidado, pois diz que você não leva as coisas a sério se não estiver sempre trabalhando para alguém, e que, se reservar um minutinho para si mesma, deve se sentir culpada.

Embora possa ser terapêutico adiar alguma coisa, procrastinar ou ignorar um problema não é autocuidado; na verdade, é o oposto disso. Ignorar um problema só o torna pior. O autocuidado envolve agendar os afazeres para que eles não atinjam o status de problema, e inclui ser gentil com o seu eu do futuro ao não deixar uma confusão para ele resolver.

Liberando a culpa

Muitas vezes carregamos o sentimento de culpa e o deixamos germinar dentro de nós. Isso não é saudável! Liberá-lo pode ser muito útil para você aprender a priorizar o autocuidado. Use o seguinte ritual para deixar de lado um pouco da culpa e sentir o peso dela se afastando de você.

Ritual para liberar a culpa

Este é um ritual no qual você vai queimar aquilo que está tentando banir ou liberar. Esse tipo de ritual pode ser muito terapêutico quando você está tentando processar lembranças dolorosas ou lidar com emoções pesadas. Talvez precise repeti-lo com alguma frequência se tiver a tendência de se sentir culpada por coisas diferentes ou se a culpa em relação a algo específico voltar a aparecer. Faça-o quantas vezes achar necessário.

Este ritual exige aterramento, centramento e, se você achar necessário, o traçado de um círculo mágico. Se ainda não estiver familiarizada com essas técnicas, consulte as instruções mais adiante neste capítulo.

Você vai precisar de:

Um tripé usado para plantas ou um descanso de panelas;
Um recipiente à prova de fogo/refratário;
Incenso de olíbano e um incensário;
Vela branca e castiçal;
Fósforos ou isqueiro;
Papel;
Caneta ou lápis.

Como fazer:

1. Centre-se e aterre-se. Trace um círculo mágico, se achar necessário.
2. Arrume o tripé ou o descanso de panela, com o recipiente refratário sobre ele, ao lado do incenso e da vela.
3. Acenda o incenso de olíbano e a vela.

4. Sente-se com os olhos fechados e pense em seu sentimento de culpa. Com o que ele está relacionado? O que o desencadeia? Você consegue identificar por que se sente culpada? Pode haver sentimentos associados, como ressentimento, tristeza, vergonha ou raiva.
5. Quando estiver pronta, escreva essas coisas no papel.
6. Dobre o papel ao meio, ou em quatro, para caber no recipiente refratário. Segure o papel e diga:

   Eu libero essa culpa para o universo.
   Convido a paz e a serenidade a ocuparem o seu lugar.
   Abram o meu coração para a energia positiva desta lição
   E me apoiem enquanto aprendo a cuidar de
   mim mesma com liberdade.
   Obrigada pelas diversas bênçãos.

7. Aproxime o canto do papel da chama da vela. Quando o papel pegar fogo, deixe-o queimar no recipiente refratário até virar cinzas. Permita que o incenso e a vela queimem até o fim.
8. Mais tarde, junte as cinzas do papel e descarte-as sob água corrente ao ar livre, ou deixe o vento levá-las.

Hygge e o autocuidado

O hygge é um conceito dinamarquês que destaca a importância de se concentrar no prazer do agora. Envolve estar presente e permitir-se ter o tempo e o espaço necessários para reconhecer um sentimento ou aquilo que está acontecendo no momento.

O conceito surgiu porque os dinamarqueses precisavam de uma forma de lidar emocional e espiritualmente com invernos longos, frios e escuros. Ele celebra as pequenas coisas que fazem a vida valer a pena, como as xícaras de chá, os bons livros, os espaços confortáveis, a sensação de segurança e aconchego, a comida caseira e a companhia dos amigos. Baseia-se na ideia de uma vida em ritmo mais lento, com pouco estresse e consumismo.

O hygge é um conceito que se encaixa quase com perfeição na prática mágica, que busca o mesmo tipo de serenidade da ideia dos dinamarqueses. A meditação e a desaceleração para estar no momento, consciente e reconhecendo seu eu autêntico, fazem parte da essência do trabalho mágico. A magia procura melhorar, fortalecer e celebrar você.

O hygge sugere que viver pode ser uma forma de arte, e essa é uma excelente maneira de enxergar o autocuidado. Não é sobre exibicionismo; é sobre conforto e expressão. Envolve criar um momento especial, a percepção de que, se você fizer uma pausa e se permitir reconhecer e se conectar com o momento, por menor que seja, vai descobrir que cada instante pode ser especial: ele é seu e você o rotulou dessa forma.

Parte do autocuidado é se permitir ter esses momentos e aproveitá-los. Você é encorajada a fazer uma pausa e reconhecer o instante, seja ele bom ou ruim. Esse período de reconhecimento reforça a ideia de que você é digna de ter esse tempo e também valida seus sentimentos, o que pode reduzir o estresse geral. Em vez de ignorar os sentimentos em uma corrida louca para seguir em frente, esses momentos de reconhecimento de si mesma, sem julgamento, oferecem um jeito saudável de afirmar ao subconsciente que ele pode ter mudanças de humor, que não precisa estar "para cima" ou "ligado" o tempo todo. Na verdade, nem deveria. Todas as pessoas e coisas precisam de um tempo de inatividade.

A importância de ser autêntica

No fundo, a ideia de ser autêntica significa:

- Descobrir quem você é;
- Aceitar a si mesma;
- Ser verdadeira consigo mesma.

Parece fácil? Talvez não.

Muitas vezes, a agitação da vida diária é um jeito de nos mantermos distraídas e ocupadas: assim, não fazemos uma pausa para olhar para nós mesmas e enxergar quem somos de verdade. Fazer uma pausa para dar uma boa olhada em si mesma pode ser intimidador. E se você não for a pessoa maravilhosa que acha que é?

Às vezes, o autocuidado é difícil, porque significa enfrentar coisas que você prefere fingir que não existem. A autoavaliação é desconfortável e requer um nível de honestidade para o qual pode não estar preparada. Talvez você tenha medo de admitir que é quem está se sabotando, de forma consciente ou inconsciente, ou pode ter receio de reconhecer que precisa adotar medidas severas de autodisciplina para ser sua melhor versão. Autocuidado significa reconhecer suas fraquezas em algumas áreas. Significa ter mais arbítrio e controle sobre a própria vida do que talvez seja confortável aceitar.

Mas pense: se você admitir suas fraquezas, vai saber no que precisa trabalhar e quais partes de si mesma precisam de mais amor e cuidado. Se você aceitar a responsabilidade de ser o melhor possível, vai poder tomar decisões melhores em relação ao autocuidado.

Tente esta afirmação:
"Eu honro o meu verdadeiro eu".

Viver como o seu eu mais autêntico significa seguir um caminho muito individual. Ninguém mais pode viver como você. É uma busca exclusiva. Sim, é difícil isolar os próprios valores, e às vezes é mais difícil ainda viver de acordo com eles quando talvez seja muito mais fácil continuar ignorante e fingir que está bem. Mas cuidar de um eu que não seja autêntico é como encher um balde furado. Você nunca consegue enchê-lo por causa do vazamento. Autocuidado significa valorizar as diferentes partes de si mesma, não só algumas (e sim, isso inclui as partes que ainda precisam ser trabalhadas). Se você finge ser o que não é, como pode ser feliz de verdade? Se não está sendo autêntica, como pode ter compaixão por si mesma?

Viver de maneira autêntica pode não ser fácil, mas é gratificante. Aqui estão algumas coisas para ter em mente:

- Equilibre as suas ações com o que você sente e/ou precisa;
- Faça escolhas baseadas em seus valores. Isso é mais saudável no longo prazo do que as escolhas baseadas em conveniência ou na opinião popular;
- Defenda a si mesma e suas necessidades ou desejos;
- Não se deixe levar pela necessidade de ser aprovada ou apreciada pelos outros. A aprovação é uma droga poderosa, mas ser feliz com suas escolhas baseadas em valores é mais saudável para o seu espírito e para a sua noção de identidade.

Ser autêntica pode ser intimidante. E se você aceitar a si mesma como é de verdade, com fraquezas, defeitos... E for rejeitada pelos outros? O medo é uma poderosa força dissuasora. O medo do fracasso, da rejeição ou da solidão pode se combinar ao medo de ficar para trás, criando um emaranhado de ansiedade e uma sensação de não estar no controle de nada. Lembre-se, porém, de que viver com autenticidade vai desenvolver em você uma noção de confiança e força, o que, por sua vez, se manifesta na energia pessoal.

A autora Brené Brown fala sobre cultivar a capacidade de ser imperfeita em A Arte da Imperfeição. Aceitar que você é imperfeita e, ainda assim, digna de cuidados é uma prática valiosa na sua caixa de ferramentas de autocuidado.

Por mais que a autoavaliação possa ser assustadora, ignorá-la apenas cria um tipo diferente de estresse. Escolha superar o estresse e praticar a autorreflexão em vez de ficar à mercê desse agente emocional que surge ao procrastinar ou ignorar alguma coisa. Assuma o controle. (Veja o exercício sobre autenticidade no Capítulo 2.)

Técnicas mágicas de autocuidado

Este livro propõe uma variedade de técnicas mágicas para usar na prática do autocuidado. A maioria delas é fácil e acessível, enquanto outras exigem uma compra modesta de ervas ou cristais. As pedras não precisam ser enormes; até as pequenas têm uma energia natural que você pode acessar para ajudar a sustentar a sua. A maioria das ervas pode ser encontrada nos mercados e em lojas de produtos naturais. Algumas podem ser usadas sob forma de óleo. Os óleos essenciais podem parecer caros, mas são concentrados e duram muito tempo quando armazenados longe da luz. Aqui estão algumas técnicas mágicas que você vai explorar ao longo deste livro.

Visualização criativa

Você foi repreendida por sonhar acordada ou ter uma imaginação hiperativa quando criança? A visualização criativa é uma técnica que usa seus poderes de imaginação e concentração para criar uma imagem da realidade pela qual está trabalhando. É mais focada do que o sonhar acordada, e exige que você crie com cuidado o que estiver visualizando. Em essência, ao visualizar uma situação potencial e conceder energia a ela, você vai alimentá-la e torná-la mais poderosa.

A visualização criativa também funciona de forma negativa. É por isso que você precisa se interromper na mesma hora, caso sua mente desvie e imagine algo terrível. Você não vai querer dar a um possível resultado negativo mais poder ou combustível do que ele já tem.

Meditação

A meditação oferece uma pausa à sua mente, permitindo que ela se desvincule da agitação contínua do mundo ao seu redor. Essa atividade tem benefícios físicos, como a desaceleração da frequência cardíaca e a redução da pressão arterial. Em termos mentais, há melhora da concentração e o combate ao estresse, à depressão e à ansiedade, além de repelir os pensamentos negativos recorrentes. No aspecto emocional, a meditação estimula a autoaceitação e o otimismo. No campo espiritual, por sua vez, ela promove a calma, a serenidade e uma sensação de paz e harmonia com o universo.

Os tipos de meditação explorados neste livro incluem a meditação da atenção plena (*mindfulness*) e a meditação respiratória, ambas práticas muito simples que estimulam o autocuidado.

Exercícios respiratórios

Os exercícios respiratórios permitem que você preste atenção ao que costuma ser automático. Para uma função autônoma, é impressionante o quão benéfico pode ser esse exercício quando você dedica um pouco de atenção ao processo!

Ao assumir o controle da respiração, você consegue afetar a profundidade e o ritmo da sua ingestão e da liberação de oxigênio. Por sua vez, isso pode beneficiar sua função cerebral, sua frequência cardíaca, a saúde geral do seu corpo e muito mais. Exercícios respiratórios também podem funcionar como uma forma de meditação.

Magia das ervas

Qual é a diferença entre magia das ervas e herbalismo? Enquanto o herbalismo funciona no nível medicinal, a magia atua com as energias da planta. Uma prática não exclui a outra. Por exemplo, existem receitas de chá neste livro que envolvem tanto a magia das ervas quanto o herbalismo. No entanto, as energias das flores, arbustos, ervas e árvores são usadas para apoiar e estimular o autocuidado pela magia, e não pela medicina para o corpo físico.

A magia das ervas pode ser usada em aromaterapia, incenso, óleos, *pot-pourri*, sachês, pós, amuletos e como uma técnica mágica de apoio para outros tipos de magia.

Magia com velas

Além de as velas serem uma excelente maneira de criar uma atmosfera acolhedora, a magia das velas é simples e serena. Pode ser algo básico, como acender uma vela e apreciar a beleza da chama e o aroma, ou mais elaborado, envolvendo a gravação de palavras na vela ou a realização de furos na cera, que depois você preenche com ervas e/ou óleos. As velas proporcionam um jeito fácil de praticar o autocuidado. Não é preciso investir em peças caras, embora procurar as opções mais baratas geralmente signifique que você pode acabar com velas malfeitas, que queimam de forma desigual, soltam fumaça ou deixam fuligem preta nas paredes.

Você também pode comprar os ingredientes e suprimentos e apreciar o processo de confeccionar suas próprias velas, o que te permite acrescentar ervas secas em pó e óleos a elas, conforme são produzidas.

Aqui estão algumas dicas para o trabalho com velas:

- Compre uma caixa de potinhos de vidro de qualquer tamanho e use-os como castiçais, seja para velas de *réchaud* ou velas verticais. Amarre uma fita ou ráfia em torno de cada pote para dar um charme rústico. (Verifique se a fita ou ráfia não está perto demais do topo do pote para que ela não encoste nas chamas.) Se desejar, troque as cores das fitas ou da ráfia conforme as mudanças de estações;
- Unte o interior do fundo do pote com vaselina ou azeite para evitar que a vela grude nele depois de terminar de queimar;
- Sempre use um abafador de velas adequado para apagar a chama, em vez de tentar apagá-la com um sopro. Dessa forma, você evita respingos de cera;

- Procure velas de soja ou com alta porcentagem de cera de abelha. Elas não só queimam de forma mais limpa como também liberam menos produtos químicos nocivos no ar e, provavelmente, são fabricadas sob melhores condições de trabalho;
- Pratique a segurança contra incêndios quando estiver perto de velas. Não as deixe sozinhas e verifique se não há nada inflamável ao redor.

Magia com cristais e pedras preciosas

Assim como as velas, os cristais e outras pedras podem ser uma parte passiva do seu autocuidado ou podem ter uma participação mais ativa, se você os carregar ou programar, direcionando suas energias para um propósito específico. Os cristais e as pedras são excelentes baterias com energia natural, que você pode acessar com facilidade. Em geral, são pequenos o suficiente para caber em um bolso ou uma bolsa, ou você pode encontrar bijuterias e joias com pedras alinhadas ao seu objetivo. As pedras também são reutilizáveis: faça uma boa limpeza nelas (veja as instruções de limpeza e purificação mais adiante neste capítulo) para deixá-las prontas para ser reutilizadas.

Princípios da magia

O foco principal deste livro não é ensinar o básico da prática mágica. No entanto, para deixar todo mundo em igualdade de condições, a seguir estão algumas técnicas fundamentais que vão ser usadas neste livro.

Para uma visão mais aprofundada das técnicas mágicas, consulte meus livros Power Spellcraft for Life e Solitary Wicca for Life.

Centramento e aterramento

Esta é uma técnica mágica essencial que se conecta muito bem ao autocuidado. É uma prática que pode acalmar a energia pessoal agitada, reabastecê-la quando estiver baixa, e criar uma sensação de pertencimento, conexão e segurança.

Centramento e aterramento

Esta é a primeira coisa que você deve fazer antes de realizar qualquer atividade mágica, garantindo, assim, que a sua energia pessoal não se esgote durante o trabalho.

Como fazer:

1. Feche os olhos e respire devagar três vezes.
2. Visualize uma luz no núcleo do seu corpo. O que considera o núcleo do seu corpo depende de você; algumas pessoas o localizam ao redor do coração, outras no plexo solar ou na parte mais baixa do abdome. O importante é que faça sentido para você como o local do seu núcleo.
3. Visualize um fio de luz crescendo do seu núcleo em direção ao chão. Veja-o atravessar a superfície e afundar até o núcleo terrestre. Mentalize seu fio de energia encontrando a energia da terra. Atraia um pouco dessa energia para cima, por esse fio, como se fosse um canudo, trazendo-a para o seu corpo. Deixe a energia da terra preenchê-la.
4. Se estiver cansada ou com pouca energia, você pode usar essa energia da terra para se reabastecer ou se reequilibrar.
5. Se estiver nervosa ou se a energia excessiva a estiver deixando agitada, tensa ou inquieta, depois de conectar sua energia à da terra, visualize um pouco dessa energia pessoal escorrendo para ser absorvida pela terra.

Esse processo pode ser mais fácil de visualizar se você imaginar que a energia terrestre tem uma cor diferente da energia pessoal.

Círculos

Um círculo mágico é uma barreira de energia criada para delinear um espaço sagrado de adoração, um envoltório criado para proteger o que está dentro ou manter a energia indesejada de fora. Ele proporciona um jeito de reunir energia focada à medida em que ela é atraída, antes que seja liberada em direção a um objetivo. Talvez você nem sempre precise de um círculo mágico, mas é bom conhecer a técnica para traçá-lo: ele também pode funcionar como um escudo pessoal para afastar a energia negativa.

Traçando um círculo

A seguir, veja como traçar e encerrar um círculo mágico.

Como fazer:

1. Centre-se e aterre-se.
2. Atraia a energia da terra para o seu núcleo e deixe-a fluir pelo braço da sua mão dominante.
3. Imagine a energia da terra fluindo a partir dos seus dedos. Aponte a mão para o lado e gire devagar no mesmo lugar, ou caminhe pelo perímetro do seu espaço, visualizando a energia fluindo como uma fita para cercar sua área de trabalho. Termine o círculo mentalizando a fita de energia e encontrando a extremidade por onde você começou.
4. Quando o círculo estiver completo, visualize a energia subindo, de modo a formar muros, e, depois, estendendo-se até criar uma cúpula sobre sua cabeça. Visualize um hemisfério semelhante sob você, de modo que a energia a envolva como uma esfera completa.
5. Quando o trabalho estiver concluído, visualize o reverso de todo o processo. Veja as meias esferas acima e abaixo de si voltando a ser a fita simples de energia formada ao seu redor. Em seguida, aponte a mão para onde o círculo começou e terminou e trace-o no sentido inverso, imaginando a energia fluindo de volta para sua mão e subindo pelo braço até o seu núcleo. Permita que ela flua para além do seu núcleo e continue seu caminho por meio de sua conexão com a terra, de forma que retorne à sua origem.

Espaço sagrado

O espaço sagrado é aquele dedicado ao seu melhor eu. Um círculo mágico criado para se afastar um pouco do mundo cotidiano é uma forma de espaço sagrado temporário, mas há outras maneiras de criar um espaço sagrado com intenção. Essa talvez seja a técnica que você vai usar com mais frequência na busca do autocuidado.

Os métodos de criação do espaço sagrado podem incluir:

- Acender uma vela e um incenso com esse propósito;
- Borrifar água benta (feita com a adição de uma pitada de sal a um copo de água) em uma área;
- Espalhar ervas;
- Abençoar uma área com todos os quatro elementos (terra, ar, fogo e água). Um jeito simples de fazer isso é usar incenso, que representa fogo e ar, e água benta, que representa terra e água.

Limpeza e purificação de objetos

Antes de usar objetos na magia, é sempre bom limpar a energia deles, pois ela tende a ficar acumulada, especialmente naqueles objetos que são manuseados por outras pessoas. Você pode ter programado alguns itens para fazer um trabalho com uma energia específica, como absorver negatividade, proteger ou atrair algo para si mesma. Depois que eles tiverem cumprido seu propósito, o melhor é fazer uma limpeza mágica, deixando-os limpos para a próxima vez que precisar usá-los.

Não se preocupe, limpar um objeto não remove a energia inata dele. Em outras palavras, você não precisa se preocupar em eliminar a capacidade do quartzo transparente de fornecer energia, ou a capacidade da obsidiana de protegê-la da negatividade.

Aqui estão alguns jeitos diferentes de limpar magicamente um objeto:

- Exponha o item à luz do sol ou do luar por cerca de 24 horas. Coloque um pequeno espelho sob o item para aumentar a eficiência da purificação;
- Coloque o item em um recipiente com sal. Atenção: não faça isso com itens de metal, pois eles podem corroer. Essa técnica funciona melhor com pedras e cristais;
- Coloque o item em um prato de areia ou terra e cubra-o levemente. Se preferir, enrole o item em um tecido leve antes de fazer isso;
- Defume o item com incenso de sândalo, olíbano ou mirra (veja receitas de incenso no Capítulo 5);
- Segure o item entre as mãos, ou posicione-as sobre ele com as palmas para baixo. Centre-se e aterre-se, depois atraia a energia da terra. Imagine-a fluindo para as suas mãos e envolvendo o objeto. Diga: *"Com esta energia eu purifico você; com esta energia você vai ficar limpo de toda energia externa. Que assim seja".*

Atenção plena

A atenção plena (*mindfulness*) não é apenas uma técnica; mais do que isso, é um aspecto importante da prática mágica. A atenção plena significa estar no momento, permitindo que qualquer tarefa que esteja realizando tenha toda a sua atenção, de maneira relaxada, para que você esteja totalmente aberta à experiência.

A atenção plena é importante na magia porque você está ligada ao seu ambiente, e isso te afeta. Estar ciente de tudo é fundamental para que você possa escolher o que quer atrair no trabalho mágico. Também é importante porque você precisa ser capaz de diferenciar a energia boa da ruim (ou favorável e não favorável).

Buscar e ser capaz de sentir o que está ao seu redor exige uma curiosa mistura de concentração e liberação. Confira os exercícios sensoriais e de percepção no Capítulo 2 para treinar a prática da atenção plena.

Diário mágico de autocuidado

Escrever um diário é um exercício terapêutico e uma parte valiosa da prática mágica. Manter registros do seu trabalho permite que você consulte anotações sobre misturas de ervas ou incensos, dias e horários, sucessos e fracassos, origens das ideias, referências e experimentos com energias de vários materiais e componentes. Faz sentido combinar os conceitos de um diário reflexivo de autocuidado e de um diário mágico em busca do autocuidado.

Você vai ter mais de um diário mágico e/ou de autocuidado na vida, então não fique muito presa em encontrar um diário perfeito que dure para sempre. Qualquer diário ou caderno em branco, que seja bonito e te deixe feliz ou relaxada ao olhar para ele, está ótimo.

Você já mantém um diário mágico, registrando seus trabalhos com energia, feitiços e rituais? Decida se quer ter um diário de autocuidado separado ou se vai usar o diário mágico existente para esse propósito. Faça o que achar certo. Você sempre pode começar de um jeito e mudar depois, se a escolha inicial não funcionar.

Uma dica para o diário de autocuidado: cole um envelope na contracapa ou use fita adesiva decorada para colar a parte inferior e a lateral das duas últimas páginas, criando um bolso aberto em cima. Isso permite que você guarde coisas soltas ali.

Os rituais a seguir vão te ajudar a começar a prática de registro no diário. O primeiro é uma técnica simples para abençoar seu novo diário de autocuidado, enquanto o segundo estabelece as condições ideais para uma sessão produtiva de registro no diário.

Dedicação do diário de autocuidado

Antes de começar a usar novos instrumentos, é bom limpá-los e abençoá-los, ou dedicá-los ao objetivo pretendido. Este ritual exige uma vela e um incenso que serão usados nas futuras sessões de registro, no diário de autocuidado e nesta bênção inicial. Por que não começar usando uma caneta nova também? Reserve-a para uso exclusivo no seu diário de autocuidado.

Você vai precisar de:

Uma vela em uma cor que você associa com clareza e autorreflexão (algumas sugestões são branco, azul-claro ou amarelo) e um castiçal;
Incenso de sua preferência (sugestões: sândalo, olíbano, lavanda ou jasmim) e um incensário;
Fósforos ou isqueiro;
Um caderno novo;
Uma caneta;
Marcadores, adesivos, fita adesiva decorada e assim por diante (opcional; veja as instruções).

Como fazer:

1. Centre-se e aterre-se.
2. Acenda a vela e o incenso. Sente-se ou fique em pé de maneira relaxada, de olhos fechados, e permita-se estar no momento por um minuto ou mais.
3. Passe o caderno sobre a vela e, depois, pela fumaça do incenso, dizendo: *"Eu limpo você da energia negativa"*. Faça o mesmo com a caneta.
4. Segure o caderno e feche os olhos. Respire devagar. Diga:

Que este caderno me estimule a me valorizar,
A cuidar de mim como eu mereço
E a comemorar a minha vida.
Ele é meu amigo e meu apoio. Que assim seja!

5. Escreva a prece acima (ou uma bênção criada por você) na primeira página do diário. Decore-o como quiser, com marcadores, adesivos, fita adesiva decorada... Qualquer coisa que faça você se sentir acolhida e feliz ao olhar para ele.

Dicas:

- Você pode usar uma série de pequenas velas, ou dedicar uma vela grande, para suas sessões de registro no diário. Se escolher a segunda opção, pode fazer furos no topo da vela e pingar, com cuidado, óleo essencial neles, ou carregá-la com ervas em pó para acrescentar as energias delas à experiência. (Veja o projeto "Vela pilar para melhorar a energia da casa" no Capítulo 5.)
- Se estiver usando incenso em vareta, você não precisa deixar uma vareta inteira queimar toda vez que o acender. Se terminar de escrever antes de o incenso queimar por completo, apague-o no incensário e coloque-o de volta no pacote para usá-lo na próxima vez. Ou quebre uma vareta ao meio e utilize só uma metade por vez. Experimente e veja o que funciona melhor para você.

Ritual para criar um sistema de registro no diário

Fazer um ritual mágico é um jeito de separar uma ação ou sequência de ações do mundo diário. Repetir uma sequência também permite que ela se torne familiar para você. No caso desse sistema, ele treina a sua mente para entrar de maneira rápida em uma vibração tranquila e ideal para um registro reflexivo no diário.

O sistema a seguir foi elaborado para permitir que você entre no estado de espírito ideal para os diferentes exercícios de registro no diário ao longo do livro. Por que não preparar uma xícara de chá para acompanhar ou beber alguma coisa refrescante?

Esse sistema requer uma vela e um incenso da sua escolha, de preferência em cores e aromas que você associe à paz e à clareza. Sempre use a mesma vela e incenso para a sessão de registro no diário de autocuidado. A configuração conhecida vai atuar como um gatilho para te ajudar a alcançar um estado de espírito relaxado e autorreflexivo com mais facilidade a cada vez. Você também pode usar um incenso de meditação (veja o Capítulo 5).

Você vai precisar de:

Sua vela de registro no diário em um castiçal
(visto anteriormente);
Seu incenso de registro no diário e um incensário
(visto anteriormente);
Fósforos ou isqueiro;
Seu diário mágico de autocuidado e sua caneta
(visto anteriormente).

Como fazer:

1. Centre-se e aterre-se.
2. Acenda a vela e o incenso, dizendo:
"A paz me cerca; estou presente no momento".
3. Sente-se de maneira relaxada, de olhos fechados, e permita-se estar no momento por um minuto ou mais. Em seguida, abra os olhos, abra o caderno e escreva o que pretende registrar.
4. Quando terminar, feche o caderno e diga: *"Agradeço ao universo pelas diversas oportunidades que eu tenho para refletir e explorar o meu espírito. Que eu seja sempre abençoada"*.

Dica:

- Enquanto escreve no diário, tente tocar o mesmo álbum ou *playlist* de música relaxante e meditativa, contribuindo, assim, para a atmosfera de autocuidado.

2

Autocuidado mental e emocional

Capitulo 2

Este capítulo se concentra no cuidado geral da sua energia pessoal para te ajudar a se manter em boa forma, tanto no âmbito mental quanto no emocional. Ele analisa atitudes, relacionamentos e como manter o equilíbrio em todas as áreas da vida. Cada uma dessas esferas (que também incluem os âmbitos físico e espiritual — veja os Capítulos 3 e 4) pode influenciar às outras. Ao trabalhar para melhorar o bem-estar de uma área específica, consequentemente você também dará suporte às outras esferas. O autocuidado tem um benefício em cascata.

Identifique suas metas de autocuidado

Como você inicia seu autocuidado? Primeiro, pense: você vive para quê? Qual é a sua maior felicidade? O que faz você se sentir bem?

Conseguir definir isso é de grande valor, porque, se não houver metas, você pode acabar se descontrolando, tentando se sentir melhor em um aspecto mais geral, sem enfrentar a(s) fonte(s) dos seus desequilíbrios. Identificar os próprios objetivos de autocuidado significa aplicar o seu tempo e a sua energia de forma mais eficiente e eficaz. Conhecer esses objetivos molda a qualidade do seu autocuidado e facilita o compromisso de viver com autenticidade.

Confeccionar um mural de visualização do autocuidado (veja a seguir) é um jeito de trabalhar o processo de identificação das suas metas.

Mural de visualização do autocuidado

Um mural de visualização é uma coleção temática de imagens, citações e objetos sobre uma superfície plana. Quando você o cria e o expõe em um espaço onde seja visto com frequência, você acaba fazendo pequenos exercícios de visualização ao longo do dia, toda vez que o vê. De forma consciente ou inconsciente, ver esse mural envia sinais ao seu espírito e reativa a energia que você vinculou a esses objetivos. A visualização é uma ferramenta poderosa para o bem-estar.

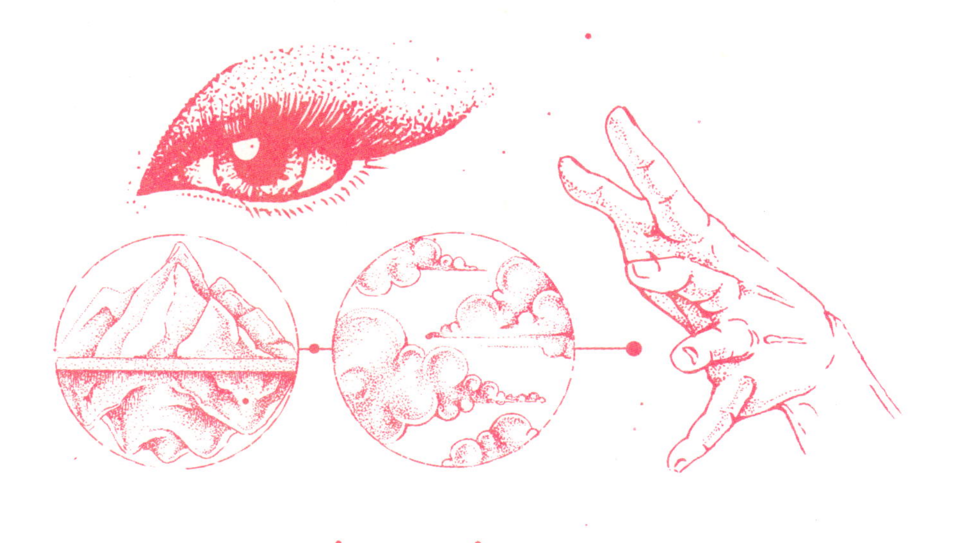

Ao criar um mural de visualização, o foco deve estar em como você deseja que as coisas sejam. Inclua conteúdo que provoque as emoções que quer sentir, que te faça lembrar da vida que deseja ter. Concentre-se mais nos aspectos menos tangíveis da vida que almeja. É bom desejar coisas materiais, mas essa não é a questão aqui. Seu mural de visualização deve te motivar e inspirar a trabalhar pela qualidade de vida que você deseja ter.

Criar o mural de visualização é um processo único e pessoal. O material que servirá de base para o quadro vai depender do seu orçamento, do espaço que tem para exibi-lo e das suas escolhas criativas. Você pode usar um quadro de cortiça ou uma placa *foam board* comprada em uma loja de material para artesanato, ou ainda reaproveitar uma moldura que já tenha, substituindo o conteúdo por uma cartolina em branco. Você pode até cortar uma placa *foam board* em um formato específico.

Antes desta atividade, reserve um tempo para pensar nos temas que deseja representar. Uma sugestão é passar alguns minutos procurando imagens ou ilustrações específicas. Pense também se deseja que o quadro seja permanente ou uma evolução contínua que reflita como as suas necessidades de autocuidado mudam. Talvez você prefira confeccionar um mural novo todo ano e guardar os anteriores para relembrar, talvez decida que a evolução em si é o que importa.

Você vai precisar de:

Uma base para o seu mural
(quadro de cortiça, placa *foam board* etc);
Cartolina branca;
Canetas ou marcadores;
Fotos, lembranças e pequenos objetos que apoiem ou
evoquem seus objetivos;
Cola, fita adesiva ou alfinetes para mural
(dependendo da base do seu quadro);
Fita adesiva decorada, adesivos e assim por diante
(opcional — veja as instruções).

Como fazer:

1. Reúna seu material.
2. Se desejar, use o "Ritual para um sistema de registro no diário", descrito no Capítulo 1, para se preparar para a atividade, incluindo a vela e o incenso. Se preferir não fazer o ritual, crie um ambiente agradável para trabalhar: ajuste a iluminação, coloque uma música relaxante ou motivacional e assim por diante.
3. Projete o seu quadro. Você planeja espaçar os objetos no mural ou prefere que eles se sobreponham? Decida também se vai preencher o mural todo ou deixar espaço para ideias novas que se tornem importantes na sua vida.
4. Escreva uma afirmação ou uma pequena lista de objetivos de autocuidado na cartolina e posicione-a no quadro.
5. Distribua os itens ao redor da afirmação ou lista de objetivos da maneira que preferir, mas sem prendê-los. Quando tiver decidido o *layout*, prenda os itens no mural com alfinetes, cola ou fita adesiva. Se desejar, use fita adesiva decorada e adesivos para enfeitar ainda mais o quadro.
6. Pendure o "Mural de visualização do autocuidado" no local escolhido.

Afirmações

O pensamento positivo recebeu muitas críticas da grande mídia e de especialistas por ser uma maneira fantasiosa de tentar provocar mudanças. No entanto, estudos em psicologia analisam que ouvir falas negativas repetidas vezes pode prejudicar o desenvolvimento da psique das crianças. A conversa interna negativa pode causar danos semelhantes, e os padrões de pensamento podem afetar a sua saúde. É fácil reprogramar seu cérebro repetindo uma ideia, mas é mais comum que isso aconteça de forma não intencional e negativa. A mente é poderosa e muito sugestionável.

O negócio é o seguinte: você é a pessoa que fala consigo mesma com mais frequência. Você ouve a si mesma mais do que qualquer outra pessoa no mundo. Então seja gentil consigo mesma.

Nossa conversa interna costuma ser punitiva e dura. É agressiva, condescendente, intimidadora, abusiva e má. Se alguém falasse dessa maneira com outra pessoa, você ficaria chocada, horrorizada, talvez até quisesse interferir. Então por que não reconhecemos isso em nós mesmas?

Bem, por um lado, é tudo interno e, na maioria das vezes, não percebemos.

Pode ser muito difícil treinar sua voz interior para ser acalentadora. Às vezes, pensar em si mesma como uma criança pode ajudar. *"Isso doeu?"*, você pode perguntar a si mesma. *"Parece que doeu. Está tudo bem. Dói mesmo, mas vai passar logo. Ei, olhe aquela linda borboleta. Para onde será que ela está indo agora?"*. Assim como você reconheceria a emoção de uma criança e, em seguida, ajudaria a desviar a atenção dela do assunto que a estava incomodando, você também pode redirecionar seu próprio foco. Há muitos exercícios sobre atenção plena neste livro. Praticar o estar no momento e deixar os pensamentos fluírem por você, sem se prender a eles, é um treinamento que ajuda muito a lidar com a conversa interna negativa.

Outra maneira acessível e fácil de lidar com a conversa interna negativa é através de afirmações. Elas representam uma declaração positiva que reforça um objetivo, uma circunstância desejada, ou que contradiz algo negativo. Se você se pegar criticando algo que disse ou fez, uma decisão que tomou ou algo que deixou de fazer, reserve um instante para limpar a mente, respire devagar algumas vezes e repita uma afirmação simples, como uma das seguintes:

- *Eu tenho permissão para cometer erros.*
- *Tomei uma decisão entre muitas. Isso já passou.*
- *Vou fazer melhor na próxima vez.*
- *Eu estou exatamente onde preciso estar.*
- *Eu sou suficiente.*
- *Eu tenho o poder de transformar a mim mesma e o meu mundo.*

Afirmar uma simples frase vai mudar as coisas em um piscar de olhos? Infelizmente, não é tão fácil. A chave é a repetição. Ao repetir afirmações positivas como essas e outras, você pode começar a reprogramar seu cérebro para ser mais positivo, otimista e confiante.

Se você aprende bem anotando, escreva sua(s) afirmação(ões) no diário de autocuidado. Não use muitas ao mesmo tempo; trabalhe com duas ou três de cada vez, no máximo, depois passe para outro grupo de frases após um ou dois meses.

Comece o dia pelo autocuidado

Criar um espaço tranquilo para si mesma, antes de começar o dia, é uma prática valiosa que ajuda a entrar em uma mentalidade aterrada para lidar com a rotina. Se essa rotina não funcionar para você, ajuste-a até que atenda às suas necessidades.

Rotina diária de cinco minutos de autocuidado para começar o dia

Esta é uma versão padrão da rotina de autocuidado. Para uma versão espiritual específica, veja o "Ritual para iniciar o dia", no Capítulo 4. Você também pode combinar as duas para começar o dia da melhor maneira possível.

Como fazer:

1. Acorde. Faça um alongamento. Algumas posições de ioga que você pode fazer sem sair da cama são: criança, cobra, gato/vaca, pombo.
2. Sente-se de pernas cruzadas e feche os olhos. Respire fundo e faça uma varredura mental do seu corpo. Existe algum ponto que dói, que parece estranho, que pode precisar receber uma atenção a mais hoje?

3. Levante-se. Beba um copo de água com atenção plena. Analise a sensação do líquido na boca, os músculos se movendo enquanto você engole.
4. Revise mentalmente a agenda do dia, talvez enquanto toma a primeira xícara de chá ou café. Reserve um momento para abrir a sua mente e aceitar as tarefas do dia. Não entre nos detalhes de como você vai executá-las, apenas aceite que elas estão na sua lista de coisas a fazer.
5. Escolha uma afirmação para o dia com base na sua varredura do corpo físico, na sua programação do dia e no seu humor geral. Afirmações como *"Eu sou suficiente"*, *"Eu enfrento desafios com graciosidade"* e *"Eu estou calma e sou capaz"* são boas declarações genéricas, mas o ideal é adequar a afirmação às suas necessidades.
6. E... vá em frente!

Dica:

- Reservar cinco minutos a mais para trabalhar em seu diário de autocuidado pode ser um complemento benéfico para a rotina padrão de autocuidado matinal. (Você pode escrever a afirmação diária escolhida algumas vezes para ajudar a absorvê-la!) Veja outras ideias no "Ritual para iniciar o dia", no Capítulo 4.

Autenticidade

O autocuidado pode ser difícil. Você precisa saber quem realmente é para cuidar de si mesma de maneira adequada. Definir as diferentes partes que compõem o seu eu é um ótimo exercício de autoaceitação. O feitiço a seguir vai te ajudar a descobrir e reconhecer todas as suas diferentes partes, e as afirmações em seguida vão te auxiliar a ter em mente como essa pessoa é maravilhosa.

Autenticidade: um feitiço para ajudar a reconhecer seu verdadeiro eu

Aqui está um feitiço para te ajudar a entender quem é, para que você possa se aceitar com mais facilidade.

Você vai precisar de:

Papel;
Lápis ou caneta (ou lápis de cor/marcadores — veja as instruções).

Como fazer:

1. Centre-se e aterre-se. Respire devagar algumas vezes, de forma profunda.
2. Escreva seu nome no centro do papel.

3. Comece a escrever ao redor do seu nome palavras que reflitam quem você é. Não quem você *gostaria* de ser, mas quem você *realmente* é por dentro. Tímida? Medrosa? Melancólica? *Nerd*? Tem medo de rejeição? Sente-se deixada para trás por amigos que conheceu na faculdade? Preocupada porque seu supervisor não entende sua abordagem? Fã entusiasta de várias franquias de filmes? Escreva tudo. Ninguém vai ver isso, além de você. Seja precisa. Não julgue. Não se justifique. Mas não deixe de lado as coisas boas. Você faz um *cheesecake* maravilhoso? É uma ouvinte solidária? Tem um excelente senso de humor? É corredora, tricoteira, *gamer*?
4. Segure o papel e diga:

   Dentro de mim,
   Além do exterior,
   Chega de me esconder.
   Eu sou eu mesma,
   Eu sou suficiente,
   Eu sou digna de amor.

5. Dobre o papel e coloque-o no diário de autocuidado. Revise-o de tempos em tempos, quando sentir que está perdendo a noção de si mesma.

Dica:

- Se sentir vontade, escreva um novo feitiço de autenticidade algumas vezes por ano. Registre a data em cada um deles para poder acompanhar a sua evolução ao revisá-los. Você vai ver as noções básicas aparecerem várias vezes. São elas que descrevem a sua essência.

Afirmações de autenticidade

Manter a coerência com quem você é, no coração e no espírito, é um desafio contínuo. Por isso, trabalhar com afirmações sobre autenticidade pode te ajudar a permanecer no caminho certo quando sentir que está voltando a fingir ser outra pessoa, ou quando fizer escolhas porque elas parecem fáceis, em vez de certas (todas temos recaídas de vez em quando, mas quando isso se torna um hábito, é hora de revisitar o feitiço de autenticidade anterior).

Talvez você fique nervosa ao fazer mudanças que parentes, amigos ou colegas possam questionar ou contestar. Reforce o compromisso de ser autêntica usando essas afirmações para se lembrar de que você tem o direito de ser quem seu espírito lhe diz para ser.

Como fazer:

Essas afirmações de uma frase única podem ser escritas; declaradas em voz alta como parte da meditação; repetidas no seu coração, ou em voz alta, enquanto você se olha no espelho; escritas em notas adesivas e coladas na sua mesa de trabalho; digitadas em uma fonte bonita e usadas como tela de bloqueio no celular e muito mais. As possibilidades são ilimitadas.

- *Eu sou válida.*
- *Eu sou a pessoa que desejo ser.*
- *Eu sou a melhor versão de mim mesma que posso ser.*
- *Eu libero todas as falsas projeções de mim mesma e acolho meu verdadeiro espírito.*
- *Eu sou vibrante e criativa.*
- *Minhas ações e escolhas refletem meus valores.*
- *Estou em casa no meu coração e no meu espírito.*
- *Eu honro quem eu sou.*

Dicas:

- Quer usar todas essas declarações como parte de uma litania? Vá em frente!
- Como sempre, ajuste essas afirmações, se desejar, e escreva as suas próprias, para adequá-las ao que for necessário para você.

Exercícios de registro no diário

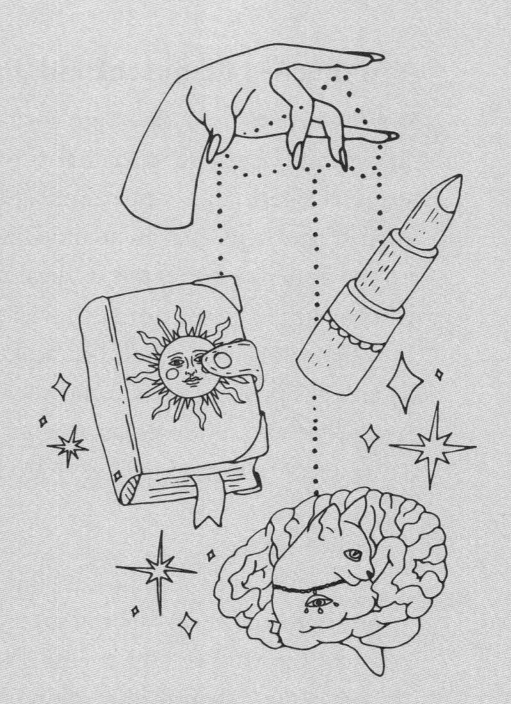

Um ótimo jeito de lembrar que a felicidade está ao seu alcance é listar coisas que lhe dão alegria. Escreva essas coisas no diário de autocuidado. Às vezes, pode ser opressivo ou assustador fazer isso sem um contexto, então trabalhar com um assunto específico é uma ótima abordagem. Os seguintes exercícios de registro no diário vão te ajudar a explorar alguns detalhes específicos para que você tenha uma visão de seu eu maior.

Exercício de registro no diário: gratidão sensorial

Um jeito de se sentir mais conectada ao mundo ao seu redor — e descobrir como você pode expandir os métodos de autocuidado — é explorar o relacionamento com os seus sentidos físicos. O que te traz alegria ao usar os sentidos?

Você vai precisar de:

Seu diário de autocuidado;
Caneta ou lápis.

Como fazer:

1. Centre-se e aterre-se.
2. Reserve um tempo para abrir a sua mente e pensar em um sentido de cada vez. Anote as respostas e, em seguida, passe a considerar o próximo sentido.
    - Que visões te trazem alegria?
    - Que sons te trazem alegria?

- Que aromas te trazem alegria?
- Que sabores te trazem alegria?
- O que te traz alegria com o toque?

3. Não censure nem critique a si mesma ao elaborar essas listas. Ninguém vai ver isso além de você. Se gosta de enterrar o rosto no pelo de gatinhos, anote. Se você gosta do cheiro de um marcador que acabou de ser destampado, ou de um fósforo que acabou de ser apagado, anote.
4. As listas não precisam ser exaustivas. Basta listar uma ou duas respostas durante esta rodada.

Esse exercício de registro no diário faz você pensar no seu relacionamento com os sentidos de um jeito não abstrato. Ele também ajuda a refletir sobre momentos específicos dentro de ações maiores. O cheiro de um fósforo que acabou de ser apagado é um momento muito específico no processo maior de riscar o fósforo, acender alguma coisa com a chama e depois apagar o fósforo. Agora que você sabe que esse momento específico te traz alegria, pode usufruir desse prazer na próxima vez em que acender e apagar um fósforo. Para reconhecer e apreciar plenamente essa sensação como algo agradável, esteja presente por inteiro quando ela acontecer.

Exercício de registro em diário: gratidão sazonal

Registrar a gratidão pode te ajudar a reconhecer mais oportunidades de praticá-la. Assim como no caso da alegria, registrar no diário um tópico abrangente como esse pode ser opressivo ou assustador se não houver um contexto. Por isso, este exercício oferece a chance de explorar a gratidão dentro de um contexto sazonal. Veja também o Capítulo 4 para ter ideias de como trabalhar com energias sazonais no autocuidado.

Você vai precisar de:

Seu diário de autocuidado;
Caneta ou lápis.

Como fazer:

1. Centre-se e aterre-se.
2. Reserve um tempo para abrir a mente e pensar em uma estação de cada vez. Anote as respostas e, em seguida, passe a considerar a próxima estação.
   - Pelo que você é grata na primavera?
   - Pelo que você é grata no verão?
   - Pelo que você é grata no outono?
   - Pelo que você é grata no inverno?
3. Não censure nem critique a si mesma ao fazer essas listas. Ninguém vai ver isso além de você. Se for grata por ter uma desculpa para ficar mais tempo dentro de casa no inverno, anote.
4. As listas não precisam ser exaustivas. Basta listar uma ou duas respostas durante esta rodada.

Dica:

- Se você mora em um lugar que não tem muita variação entre as estações, pense no calendário anual. Por exemplo, como as estações do ano se refletem nos alimentos disponíveis ou na decoração sazonal da sua cidade?

Exercício de registro no diário: gratidão diária

Um dos princípios da magia é que semelhante atrai semelhante. A ideia por trás da lista de coisas pelas quais você é grata é convidá-la a reconhecer mais bênçãos ou coisas boas pelas quais vale a pena ser grata. Esse exercício também é bom para a saúde mental e emocional. Quando você leva a sério a prática de fazer uma lista do que aconteceu de bom, ou o que realizou, começa a validar os próprios sucessos. É saudável ter orgulho de ter passado por um dia difícil. É uma vitória sua!

No fim do dia, sente-se com seu diário de autocuidado e anote:

1. Três sucessos. *Você* define o que é sucesso. Se você lida com uma doença crônica ou transtornos mentais, um sucesso pode ser "Saí da cama" ou "Tomei o café da manhã". Talvez um sucesso seja lembrar-se de tomar o multivitamínico ou hidratar-se o suficiente para beber duas vezes o conteúdo da sua garrafa de água no trabalho. O segredo é considerar a ação um sucesso dentro do contexto do dia que teve.
2. Três coisas que te trouxeram alegria. De novo, você define o que foi uma alegria naquele dia específico. Sua música preferida tocou no rádio no caminho para o trabalho? A edição deste mês da assinatura da sua revista preferida chegou à sua caixa de correio? Você viu um gatinho fofo a caminho de casa? Se você ficou feliz, anote.
3. Três coisas pelas quais você é grata. Você sentiu gratidão por pegar o trem mais cedo e, assim, ter um pouco mais de tempo para se acomodar antes do início da aula? Houve um problema no servidor do computador no trabalho, por isso conseguiu chegar em casa mais cedo e se sentou ao sol com um bom livro? Você estava disponível quando um amigo precisou conversar? Escreva tudo.

Chegar a três respostas é difícil? Comece com uma em cada categoria, depois aumente para duas e, por fim, para três. Você vai ver que ficará mais fácil quanto mais praticar.

Depois de fazer isso por alguns dias, talvez você note uma melhora geral no seu humor, pois está se concentrando em coisas positivas, não no que aconteceu de ruim. Os acontecimentos negativos tendem a grudar com mais facilidade do que os positivos. Quando você enfim consegue apagar algo ruim da mente, alguma coisa tende a fazer você se lembrar daquilo e, adivinhe só, os pensamentos negativos estão de volta. Praticar a gratidão diária, decidindo-se a registrar os episódios bons em vez dos ruins, significa que você está, de forma consciente, escolhendo procurar pelas lembranças positivas. Essa é outra maneira de reprogramar o cérebro e redirecionar os padrões de pensamento. Além disso, faz você se sentir bem por se lembrar do que aconteceu de bom.

Feitiços para combater o estresse

Administrar o estresse e a ansiedade melhora seu funcionamento diário, permitindo que você lide com as situações que podem te estressar de forma mais eficaz. Ao fazer isso, é possível melhorar sua saúde física, mental e emocional, além de apoiar sua autoestima e confiança. Veja a seção sobre meditação, no Capítulo 4, para mais técnicas que podem te ajudar a lidar com o estresse.

Encha-se de luz

Reservar alguns minutos para se encher de luz pode proporcionar a pausa mental necessária para zerar seu espaço mental. É possível que também funcione como uma limpeza rápida da sua aura (a energia pessoal que te cerca). Se estiver estressada ou em pânico, é uma excelente maneira de se controlar.

Como fazer:

1. Centre-se e aterre-se.
2. Feche os olhos e respire devagar três vezes. A cada inspiração, imagine-se atraindo luz pelo nariz ou pela boca. Visualize seu corpo se enchendo de luz. Depois da terceira respiração, volte a respirar normalmente, ainda de olhos fechados, desfrutando da sensação de estar cheia de luz. Observe como isso faz você se sentir em termos emocionais e físicos.
3. Permita que a luz comece a se expandir para além do seu corpo e chegue à sua aura. Quando ela entrar na aura, imagine-a começando a brilhar. Pense em pontos brilhantes se desprendendo e eliminando toda e qualquer negatividade ou energia indesejada que esteja apegada à sua aura.
4. Quando sentir que terminou, inspire fundo mais uma vez e expire com convicção. Permita que a visualização desapareça, depois abra os olhos.

Transformação

Algumas vezes, você pode se sentir estagnada. Você sabe que estava indo para algum lugar, mas ao longo do caminho saiu dos trilhos ou perdeu o fôlego. A transformação que procura parece empacada. Em casos como esse, grandes gestos podem desestabilizar mais do que ajudar. Em vez disso, busque paciência e clareza para te ajudar a se reorientar e abra-se em direção ao novo, para facilitar a transformação.

Você vai precisar de:

Uma vela branca e um castiçal;
Fósforos ou isqueiro;
Uma pedra de quartzo transparente.

Como fazer:

1. Limpe os materiais de acordo com o(s) método(s) escolhido(s) (consulte o Capítulo 1 para isso).
2. Centre-se e aterre-se. Acenda a vela branca e segure o cristal de quartzo. Feche os olhos e respire de maneira uniforme, levando seu corpo e seu espírito a uma sensação de equilíbrio.
3. Quando estiver pronta, erga o cristal de quartzo e segure-o na testa.
4. Diga: *Eu invoco a luz para me ajudar a enxergar com clareza. Que eu esteja aberta à mudança que opera na minha vida; que eu tenha a paciência de aguardar o tempo necessário para essa mudança se desenvolver, gestar, se desdobrar e se entrelaçar na minha vida com segurança. Que essa mudança seja para o melhor e beneficie a mim e àqueles que eu amo. Que assim seja.*

Exercício: cinco coisas que te estressam

Por mais desconfortável que seja, às vezes você precisa reservar um tempo para pensar no que desencadeia a ansiedade. É valioso saber o que te desequilibra, ou o que obscurece seu processo de pensamento, porque a situação está aumentando seu nível de estresse. Reserve um tempo para refletir sobre as coisas que te estressam e, em seguida, elabore essa lista em um local seguro e sob um estado de espírito calmo.

Você vai precisar de:

Vela de registro no diário em um castiçal (veja o Capítulo 1);
Incenso de registro no diário (veja o Capítulo 1);
Seu diário de autocuidado;
Caneta ou lápis.

Como fazer:

1. Centre-se e aterre-se.
2. Acenda a vela e o incenso de registro no diário. Abra o diário em uma nova página e escreva a data e o assunto.
3. Reserve alguns instantes para se acomodar de um jeito confortável. Feche os olhos e respire fundo algumas vezes.
4. Nesse lugar seguro, pense com honestidade em quais situações lhe geram estresse. Anote-as à medida que elas surgirem. Se preferir, escreva os pensamentos no momento em que eles vierem, em um registro de fluxo de consciência, e, depois, peneire os pontos no fim do exercício.
5. Não se justifique e não se julgue enquanto escreve. Para que este exercício tenha o máximo de valor, você precisa ser o mais honesta possível.
6. Não se preocupe se não conseguir ser muito precisa em relação ao que te estressa. A mente passa muito tempo evitando pensar demais no perigo e nas circunstâncias que podem desencadear o estresse. Até mesmo pensar no que te estressa pode provocar uma reação semelhante àquelas causadas por um encontro com o estresse na vida real. Faça o melhor que puder nesta sessão.
7. Se, a qualquer momento, você tiver uma reação estressante que vá além do que acha que consegue administrar, permita-se encerrar a sessão de registro no diário. Retorne a ela um ou dois dias depois. Não o evite por muito tempo, pois o objetivo deste exercício é reconhecer e isolar as situações que te estressam, para que você consiga mantê-las afastadas ou aprender a lidar melhor com elas.
8. Para terminar a sessão, feche o diário. Feche os olhos e respire fundo algumas vezes, depois abra os olhos e apague a vela e o incenso. Se preferir, você pode deixá-los queimar até o fim.

Ajuda com organização e planejamento

É provável que uma das situações que te causem mais estresse seja entender como dividir tarefas maiores em tarefas gerenciáveis. Aqui está uma lista de sugestões:

- Considere a data-limite de uma tarefa ou o prazo que você esteja enfrentando e liste todos os elementos do projeto que precisam ser realizados antes disso;
- Atribua prazos menores a elementos menores do projeto. Comece com as partes que precisam ser feitas antes;
- Crie um espaço de segurança na sua agenda que leve em conta doenças ou outras emergências que você possa enfrentar;
- Não procrastine, deixando todo o trabalho cair nos ombros do seu "eu futuro". Isso é um abuso da sua própria energia e um desrespeito com seu "eu futuro";
- Use alarmes, lembretes, notas adesivas bonitinhas e/ou um calendário com marcadores de cores diferentes para anotar as diferentes etapas do processo — todo e qualquer recurso que possa te ajudar a controlar o que e quando precisa ser feito;
- Existem também algumas providências mágicas que você pode tomar para diminuir o estresse de planejar e organizar, incluindo confeccionar um amuleto especial e manter registros da rotina de autocuidado.

Amuleto para planejamento e organização

Você pode criar um amuleto tipo sachê ou uma garrafa mágica para te ajudar a manter tudo organizado. O jaspe marrom, que é um tipo de quartzo, ajuda na preservação da energia a longo prazo; a hortelã auxilia no foco; e os óleos de ilangue-ilangue e bergamota te ajudam a manter a calma ao mesmo tempo em que permanece atenta.

Você vai precisar de:

1 colher de chá de hortelã seca;
3 gotas de óleo essencial de ilangue-ilangue;
2 gotas de óleo essencial de bergamota;
Uma pedra jaspe marrom;
Uma tigela pequena para misturar;
Saquinho ou sachê (da cor de sua preferência), ou frasco ou potinho de vidro.

Como fazer:

1. Comece limpando/purificando o material pelo seu método preferido (veja o Capítulo 1).
2. Centre-se e aterre-se.
3. Coloque a hortelã na tigela, dizendo: *"Hortelã, traga-me foco para que eu possa manter a mente nas minhas tarefas"*.
4. Adicione as gotas de óleo essencial de ilangue-ilangue à hortelã, afirmando: *"Ilangue-ilangue, traga-me sua paz e serenidade para que eu permaneça calma diante da minha agenda"*.
5. Adicione as gotas de óleo essencial de bergamota, dizendo: *"Bergamota, traga-me clareza e confiança"*.
6. Segure o jaspe marrom e repita: *"Eu invoco as suas energias de gerenciamento e organização. Conceda-me a capacidade duradoura para agendar, planejar e gerenciar o meu tempo"*. Coloque-o na tigela.
7. Mexa com os dedos, dizendo: *"Estou calma, estou focada, administro meu tempo com confiança. Que assim seja!"*.

8. Despeje a mistura no sachê ou frasco e amarre-o ou coloque a tampa. Pendure-o ou coloque-o ao lado do seu calendário de parede, ou mantenha-o junto da sua agenda ou diário.

Dica:

- Se você fizer uma versão em miniatura, ela pode ser pequena o suficiente para amarrar na agenda ou no diário, como um amuleto, ou pendurar no calendário.

Registre seu autocuidado

Caso tenha uma doença crônica, transtorno mental ou esteja sobrecarregada tentando organizar a vida, comece registrando apenas três ou quatro sucessos no autocuidado de cada vez. Reconhecer um sucesso pode te dar uma sensação de realização que a ajudará a ficar de bom humor.

Em vez de escrever em um papel solto, você pode usar o diário de autocuidado ou iniciar um caderninho separado para registrar seus hábitos.

Você vai precisar de:

Papel ou um caderno;
Caneta.

Como fazer:

1. Para fazer um registro simples de autocuidado que envolva os fundamentos dessa prática, desenhe um gráfico, com uma linha para cada dia do mês e quatro colunas. Designe a primeira coluna com o título “Horas de sono”, nomeie a segunda de “Comi direito”, a terceira de “Exercícios” (se *exercícios* for um gatilho para você, chame de “Movimento”) e a quarta de “Uma gentileza para mim mesma”. Isso abrange os fundamentos do autocuidado: descanso apropriado, alimentação e movimento adequados e um gesto de autocuidado que não se aplica às colunas anteriores.

2. Anote as horas de sono assim que acordar. No fim de cada dia, pense e assinale as outras três colunas, ou assinale-as à medida em que forem realizadas ao longo do dia.
3. A coluna movimento/exercício pode envolver atividades como ir a pé até o ponto de ônibus, ou do metrô para o trabalho; fazer uma caminhada rápida de cinco minutos na hora do almoço; lembrar de se sentar e se alongar com regularidade enquanto estiver no trabalho; aspirar a casa; cortar a grama... Qualquer coisa que fizer você se mexer.
4. Com o tempo, você vai poder enxergar seus padrões de sono, movimento e nutrição. Isso vai permitir que você se dê um tapinha nas costas pelos sucessos, além de encarar os pontos fracos em que deve focar para melhorar o autocuidado.

Desacelere e ofereça um agrado a si mesma

Oferecer um agrado a si mesma é um jeito divertido de praticar um pouco de autocuidado. Muitas vezes, associamos o agrado à comida, bebida ou fazer compras. Mas pode ser aninhar-se com um livro e uma xícara de chá, ou se sentar ao sol com um gato no colo.

Não seja uma pessoa multitarefa combinando seus agrados, a menos que você crie um agrado específico com dois objetivos (um café chique enquanto lê um bom livro, por exemplo). Se você sobrecarregar seu momento de agrado, vai perder a experiência completa de aproveitar cada aspecto, e o autocuidado pode se tornar superficial.

Há algumas coisas para ter em mente em relação a oferecer um agrado a si mesma. Se ele for corriqueiro, não será um agrado. Tente fazer com que seja algo especial que você só faz de vez em quando. Se desejar, agende, de tempos em tempos, um agrado menor, como "Tempo para mim", e considere-o um autocuidado contínuo. Escolha algo que não faria sempre, ou que raramente faz. Ou talvez possa ser algo que você já faz, mas que gostaria de realizar de um jeito diferente. (Até ir ao supermercado sozinha em um horário diferente pode ser visto como um agrado, se fazer isso com crianças, nos horários de pico, for seu modo normal. Lembre-se: tudo depende do seu contexto!)

O aspecto importante de um agrado é que ele tem que ser feito com atenção plena. Qual é o sentido de programar uma gentileza para si mesma se você não prestar atenção durante a atividade?

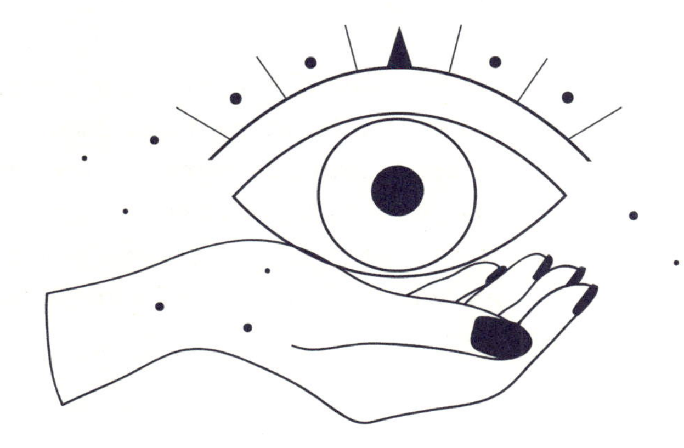

Agrado com atenção plena

Como fazer:

1. Antes de começar o agrado, feche os olhos e reserve um tempo para estar no momento. Deixe todas as coisas que te incomodam se desfazerem; é só você e o que escolheu como seu agrado. Afirme mentalmente: *"Este tempo é meu; eu declaro que assim seja".*
2. Aproveite o tempo para desfrutar de verdade de todas as dimensões do seu agrado. Observe as pessoas; repare nos aromas do local em que você está; saboreie tudo com atenção plena; desfrute das sensações de virar as páginas ou de descobrir a história no livro ou no *e-reader*.
3. Se não conseguir se tranquilizar por completo no seu momento de agrado, não force a barra. E não se deixe irritar por não ser tão especial quanto você gostaria que fosse. Nem todos os momentos de autocuidado serão prazerosos. Mas será um tempo gasto fazendo o que você escolheu fazer, e isso é importante.

Dica:

- A atenção plena será diferente se o seu momento de agrado envolver estar em público ou com um grupo de amigos. Ajuste suas expectativas e vá em frente!

Limpe sua energia

Um aspecto importante do autocuidado físico é a higiene. Lavar o rosto, tomar um banho de chuveiro ou banheira, escovar o cabelo... Tudo isso serve para te deixar limpa e arrumada. A mesma atenção deve ser dedicada à energia pessoal. Sua aura, ou campo de energia pessoal, consegue coletar todo tipo de partícula indesejada e energia obscura. Mantê-la em ordem significa que você está cuidando do seu bem-estar energético.

Limpeza de escombros de energia

Não existe momento ruim para sacudir a energia negativa que se acumulou em torno da sua aura. Limpe as teias de aranha com esta visualização!

Observação: o banimento costuma ser associado a um movimento no sentido anti-horário. Em um primeiro momento, tente fazer essa visualização com o vento fluindo no sentido anti-horário ao seu redor. Se isso parecer estranho, tente mais uma vez, com o vento circulando no sentido horário. Ou experimente os dois e anote as diferenças para, depois, escolher uma direção que se adapte melhor aos resultados que você estiver buscando em uma determinada ocasião futura.

Como fazer:

1. Aterre-se e centre-se.
2. Imagine um vento morno. Ouça-o; sinta-o mexer no seu cabelo e na sua roupa. Deixe-o ganhar intensidade até que ele brinque ao seu redor em um movimento parecido com o de um ciclone suave. Imagine-o polindo os pontos opacos e obscuros da sua aura, eliminando toda e qualquer energia negativa que tenha se acumulado nela. Deixe o vento brincar ao redor da sua aura até sentir que a energia esteja limpa.

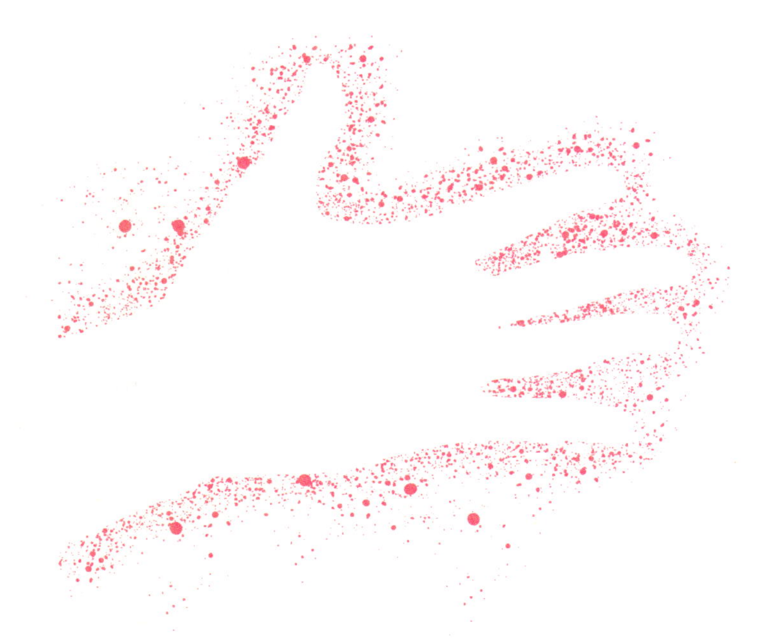

Esteja aberta para receber amor

Parece óbvio, mas muitas vezes nossos padrões de pensamento, ou nossa culpa ou crenças subconscientes sobre nós mesmas, afastam o amor. O feitiço a seguir afirma que você está aberta para receber amor e autocuidado.

Receba amor

Você pode precisar realizar este feitiço com frequência para lembrar e reafirmar que está aberta para receber amor, tanto dos outros quanto de si mesma.

Você vai precisar de:

Seis velas rosas e castiçais (vela de *réchaud* ou velinhas de aniversário funcionam bem);
Uma pedra de quartzo rosa;
Fósforos ou isqueiro;
Incenso de rosas ou jasmim e um incensário;
Caneta ou marcador.

Como fazer:

1. Centre-se e aterre-se.
2. Acenda o incenso.
3. Coloque uma vela no centro do local onde você pratica magia. Disponha mais uma de cada lado, um pouco atrás da primeira. Posicione as duas seguintes um pouco à frente e de cada lado da primeira vela (um pouco mais perto que as duas anteriores). Ajeite a vela final na frente da primeira vela, mais perto de você do que as duas anteriores. As velas devem formar uma imagem parecida com um coração.
4. Segure o quartzo rosa entre as mãos, dizendo: *"Eu sou receptiva ao amor e ao cuidado. Eu acolho o amor".*
5. Coloque o quartzo rosa no centro da forma de coração. Comece a acender as velas, dizendo ao acender cada uma: *"Eu acolho o amor. Eu mereço amor. Eu sou amada".*
6. Permaneça no local por algum tempo, sentindo o amor ao seu redor e o amor pelo universo. Você pode deixar as velas se apagarem antes de encerrar (isso é mais fácil com as velas de aniversário; as velas de *réchaud* queimam por um período de quatro a seis horas), ou então apagar as velas e o incenso e guardá-los para a próxima vez que fizer este feitiço. (Quando estiverem frios, coloque-os em um saco com lacre de vedação e use uma etiqueta para identificar.) Carregue o quartzo rosa consigo.

Crie uma bolsinha de tesouros do autocuidado

Alguns dos feitiços deste livro sugerem que você carregue consigo pedras, bolsinhas, coisas escritas e assim por diante. Pode ser um pouco desajeitado ter todas essas coisas guardadas no fundo da sua bolsa ou mochila, então por que não fazer uma bolsinha de tesouros para elas? Um saquinho que sirva como recipiente para todas as quinquilharias mágicas do autocuidado.

Bolsinha de tesouros do autocuidado

Você pode usar o tipo de tecido que desejar para esta bolsinha de tesouros, mas evite tecidos muito leves, como *chiffon* ou gaze. Você também pode aumentar ou diminuir o tamanho dela. Esta versão resulta em uma bolsinha de mais ou menos 18 cm × 10 cm.

Você vai precisar de:

Dois retângulos de tecido medindo cerca de 20 cm × 25 cm cada;
Um pedaço de fita com cerca de 20 cm de comprimento (e cerca de 6 mm de largura)
Alfinetes retos de costura;
Tesoura;
Agulha e linha de costura (da cor de sua preferência);
Ferro e tábua de passar.

Como fazer:

1. Junte os dois retângulos de tecido, direito com direito, alinhando as bordas. Alfinete os lados mais compridos do tecido. Corte um dos lados curtos dos retângulos dando a eles um formato triangular, com cerca de 2,5 cm de profundidade. Você terá uma forma retangular com uma das extremidades em bico: essa parte formará a "tampa" da bolsinha. Alfinete em toda a volta.

2. Deixe uma margem de pouco mais de 0,5 cm e faça uma costura simples (como um alinhavo de pontos pequenos). Feche as duas laterais compridas e a extremidade pontuda.
3. Desvire.
4. Passe as costuras a ferro. Na extremidade sem costura, dobre para dentro uma margem de pouco mais de 1 cm e passe a ferro. Alfinete e costure, fechando a abertura.
5. Posicione a peça à sua frente com o "bico" apontando para cima. Dobre-a de baixo para cima, levando a base até a parte de cima, mas desconsiderando o triângulo. A extremidade inferior deve ser alinhada com a parte que fica um pouco antes de onde começam as extremidades inclinadas que formam o triângulo (imagine o formato de um envelope). Alfinete e costure as laterais.
6. Corte a fita em duas partes iguais. Costure a extremidade de uma das fitas na pontinha interna do "envelope". Feche a bolsinha e marque o lugar onde o bico do "envelope" encosta na frente da bolsinha. Costure a ponta do segundo pedaço de fita cerca de 2,5 cm abaixo desse ponto.
7. Para usá-la, coloque os objetos mágicos de autocuidado dentro da bolsinha. Feche-a amarrando as fitas.

Dicas:

- Se tiver uma máquina de costura, pode utilizá-la, em vez de costurar à mão.
- Você pode usar tinta de tecido ou apliques termocolantes para decorar a bolsinha. Outra ideia é decorá-la com botões bem bonitos. Um botão decorativo na ponta do "envelope" disfarça os pontos que ficarem visíveis ao costurar a fita.
- Você também pode desenhar símbolos mágicos para reforçar a saúde, a proteção ou outras áreas da vida. Confira meu livro *Protection Spells* para ter outras ideias!

Esteja disposta a aceitar o fracasso

Estar disposta a aceitar o fracasso é muito difícil. Significa que você precisa admitir que o sucesso não é garantido, e que pode fracassar mesmo se fizer tudo certo.

Mas estar disposta a fracassar indica que você vai assumir riscos que podem gerar resultados surpreendentes. E uma das coisas que precisa entender é que um erro não é um fracasso. Ele é a prova de que você está tentando e, toda vez que tenta, aprende um pouco mais sobre o que espera realizar. Bônus: nesse processo você também aprende um pouco mais sobre si mesma. Tudo é aprendizado. Talvez a experiência não seja agradável, mas sempre é valiosa.

Feitiço para estar disposta a correr riscos

O medo do fracasso pode te paralisar. A relutância em tomar decisões ou dar um passo à frente muitas vezes pode ser atribuída ao medo de fracassar de alguma forma. Mas, para ter sucesso, você tem de aceitar o risco do fracasso da mesma forma que o risco do sucesso. Algumas vezes, essa também pode ser uma perspectiva assustadora. Para te ajudar a estar mais disposta a correr o risco de fracassar, experimente o seguinte feitiço.

Você vai precisar de:

1 pitada de sálvia esfarelada ou moída;
1 pitada de canela em pau triturada ou canela em pó;
1 pitada de pétalas de rosa desidratadas;
1 gota de óleo essencial de bergamota;
1 gota de óleo essencial de pinho;
1 gota de óleo essencial de neroli;
Uma tigela pequena;
Uma pedra olho de tigre.

Como fazer:

1. Limpe o material de acordo com seu método preferido (para isso, veja o Capítulo 1).
2. Centre-se e aterre-se.
3. Posicione a tigela no centro do espaço onde você realiza suas atividades mágicas.
4. Coloque o olho de tigre na tigela, dizendo: *"Olho de tigre, traga-me confiança e força".*
5. Adicione a pitada de sálvia na tigela, afirmando: *"Sálvia, compartilhe comigo a sua sabedoria".*
6. Polvilhe a pitada de canela na tigela, declarando: *"Canela, conceda-me crescimento espiritual".*

7. Coloque a pitada de rosa seca na tigela, dizendo: *"Rosa, fortaleça a minha autoaceitação".*
8. Adicione a gota de óleo de bergamota, afirmando: *"Bergamota, traga-me clareza mental".*
9. Acrescente a gota de óleo de pinho, declarando: *"Pinho, reforce a minha força interior".*
10. Incorpore a gota de neroli, dizendo: *"Neroli, aprofunde a minha calma interior".*
11. Misture tudo com o dedo. Imponha as mãos sobre a mistura, visualizando a energia sendo extraída da terra, por meio do seu núcleo, e descendo até suas mãos. Imagine a mistura brilhando com uma luz branca.
12. Afirme:

Estou segura de mim mesma; tenho confiança
para correr o risco de fracassar.
Sou abençoada com o otimismo e valorizo as minhas habilidades.
O fracasso não é um reflexo do meu valor como pessoa.
Se não tiver de ser neste momento, eu recebo um insight valioso
E cresço em força e sabedoria.

13. Remova o olho do tigre e carregue-o consigo. Salpique o resto da mistura ao ar livre.

Encontrando equilíbrio

Se você se sente atingida por mudanças ou incertezas, um feitiço para reforçar o seu equilíbrio pode ajudar. Ele é bom para o equilíbrio emocional, bem como para o equilíbrio geral da sua vida.

A ágata azul rendada, que é usada neste feitiço, carrega energias associadas à calma, ao equilíbrio e à compostura; enquanto a rodocrosita representa conforto, equilíbrio e estabilidade.

Feitiço de equilíbrio

A maneira mais rápida e fácil de acessar um método de reequilíbrio é centrar-se, aterrar-se e enviar o excesso de energia para a terra, ou extrair dela o que você precisa para substituir a energia que falta no seu organismo. Este feitiço, no entanto, tem uma abordagem diferente.

Você vai precisar de:

Uma vela azul-clara ou lilás e um castiçal;
Uma pedra de ágata azul rendada;
Uma pedra de rodocrosita
Fósforos ou isqueiro.

Como fazer:

1. Limpe as pedras de acordo com seu método preferido (para isso, veja o Capítulo 1).
2. Centre-se e aterre-se.
3. Acenda a vela.
4. Segure uma pedra em cada mão. Feche os olhos e sinta o peso na palma das mãos. Aos poucos, comece a se balançar com suavidade, para a frente e para trás, levantando uma das mãos enquanto abaixa a outra. Mantenha o movimento muito leve no início. Enquanto se balança, diga:

   Flua, maré,
   Maré, flua.
   Traga-me equilíbrio,
   Mostre estabilidade.

5. Enquanto entoa esses versos, aumente o movimento, também colocando seu corpo em ação. Continue entoando até sentir sua energia chegar ao pico.
6. Concentre-se mais uma vez nas pedras e diminua o movimento aos poucos, até ficar parada, de olhos fechados, com uma pedra em cada mão. Perceba a sensação de flutuação e leveza que você tem agora. Murmure o canto uma última vez e, depois, abra os olhos.
7. Deixe a vela queimar até o fim. Guarde as pedras e reutilize-as sempre que precisar.

Aceitando seus limites

Goste ou não, você não pode fazer tudo. Este feitiço te ajuda a aceitar que você tem limites e que não pode assumir tudo. Os limites existem para nos manter saudáveis, e estabelecê-los — e depois defendê-los! — é uma parte valiosa do autocuidado. Você precisa defendê-los não só de outras pessoas, mas às vezes de si mesma também. É muito fácil pensar: *Ah, vou só fazer essa coisinha* e, de repente, lá se foram centenas de pequenos exemplos de "só mais essa", e você questiona por que se sente desmoronando.

Embora seja excelente para repelir a negatividade, a obsidiana neste feitiço também te ajuda a entrar em contato com o seu lado sombrio. Se estiver sabotando os seus próprios limites de forma inconsciente, usar uma obsidiana pode te auxiliar a reconhecer essa atitude.

Feitiço para ajudar a aceitar os limites

Às vezes, você precisa parar; às vezes, é preciso entender que se esforçar demais é ruim. Este feitiço te ajuda a aceitar os seus próprios limites.

Você vai precisar de:

Uma foto ou um item que representa você mesma;
Uma vela branca e um castiçal;
Quatro pedras de obsidiana;
Quatro pedras de hematita;
Uma pedra de labradorita;
Fósforos ou isqueiro;
Sal.

Como fazer:

1. Limpe o material de acordo com seu método preferido (para isso, veja o Capítulo 1).
2. Centre-se e aterre-se.
3. Coloque sua foto/item no centro do local onde você pratica magia. Posicione a vela alguns centímetros atrás dela.
4. Acenda a vela dizendo: *"Eu ilumino os meus limites e os enxergo com clareza"*.
5. Coloque as pedras de obsidiana ao redor da foto/item, formando um quadrado, uma em cada canto. (As obsidianas dos cantos superiores devem ficar entre a foto/item e a vela.) Diga: *"Meus limites me defendem"*.
6. Coloque as hematitas também ao redor da foto/item, entre cada obsidiana. (Se sua foto/item fosse um mostrador de relógio, as hematitas ficariam às 12h, 3h, 6h e 9h.) Diga: *"Meus limites me protegem"*.
7. Coloque a labradorita em cima ou ao lado da foto/item, afirmando: *"Meus limites são fortes"*.
8. Salpique o sal em um círculo ao redor da vela, da foto/item e das pedras. Sente-se diante do círculo, repetindo: *"Meus limites me defendem; meus limites me protegem; meus limites são fortes"*.
9. Quando sentir que terminou, apague a vela. Você pode optar por limpar as pedras e devolvê-las aos seus suprimentos, ou guardá-las com sua foto/item em algum lugar seguro. (Escolha esta última opção se achar que repetir o feitiço com frequência pode te beneficiar.)

A luta contra a depressão

Quando está deprimida, se esforçar para fazer as coisas pode ser prejudicial. Se torcesse o tornozelo ao correr, não continuaria correndo, certo? Você precisaria de um tempo para se curar primeiro, depois começaria a fazer fisioterapia para fortalecê-lo de novo e reintroduziria a atividade aos poucos. Um tornozelo torcido não é um fracasso; é um obstáculo temporário.

Pense na depressão da mesma forma. Um episódio depressivo (ou a depressão não crônica, associada ao estresse) é um sinal de que você precisa descansar e se curar. A depressão não é um sinal de fracasso em nenhum sentido da palavra. Ela afeta o fluxo da sua vida, e você precisa compreender isso até se curar.

Também é importante lembrar que o progresso, em qualquer parte da sua vida, nem sempre é medido por meio da aproximação visível de um objetivo. Às vezes, ele é definido como uma pausa para que possa cuidar de si mesma, ou para uma busca paralela que te prepare para um sucesso melhor no caminho principal mais adiante. Aceitar que uma pausa pode ser necessária para cuidar de si mesma, como um investimento no sucesso posterior, é um aspecto importante do autocuidado, mágico ou não. Isso é mais importante ainda se estiver você lutando contra a depressão.

Se você desconfiar que está sofrendo de depressão clínica, não a minimize: consulte um profissional de saúde. A depressão é um sinal de que seu corpo e seu espírito precisam de ajuda.

Feitiço para admitir a depressão

Admitir a depressão não significa uma aceitação permanente. Significa entender que ela é um sinal de que precisa olhar para si mesma, ser mais gentil, cuidar de suas necessidades. É um passo essencial no caminho para lidar com ela e acreditar na superação. Se você sabe que está deprimida ou se foi diagnosticada com depressão, use este feitiço para aceitar o diagnóstico e lembrar-se de que é digna de amor.

Você vai precisar de:

Uma vela branca ou dourada no castiçal;
Uma rosa branca;
Um vaso com água;
Uma pedra de quartzo rosa
Fósforos ou isqueiro.

Como fazer:

1. Limpe o material de acordo com seu método preferido (para isso, veja o Capítulo 1).
2. Centre-se e aterre-se.
3. Acenda a vela, dizendo: *"A luz da minha luz sempre brilha nas trevas"*.
4. Toque seu rosto com a rosa. Feche os olhos e inspire a fragrância. Sinta a delicadeza das pétalas.
5. Diga:

Delicada não significa fraca. Eu sou digna de amor e cuidado,
Tanto vindos de mim quanto dos outros.
Eu sou frágil, mas não estou quebrada.
Reconheço que os meus limites foram redesenhados e aceito que
Preciso me curar.

6. Coloque a rosa no vaso e disponha-o ao lado da vela.
7. Pegue o quartzo rosa e passe-o com delicadeza pelas pétalas da rosa branca. Em seguida, leve-o à testa e passe-o na pele de forma suave. Leve-o até o peito e apoie-o no coração.
8. Diga:

   Ferida, não morta; fraca, não quebrada.
   Com amor e cuidado eu vou me curar e ficar mais forte do que antes.
   Meu futuro é cheio de amor e luz.

9. Coloque o quartzo rosa na base da vela, ao lado do vaso com a rosa. Deixe a vela queimar até o fim. Carregue o quartzo rosa consigo.

Dica:

- Quando a rosa começar a murchar, retire as pétalas com cuidado e use-as no projeto de artesanato "Confeccionando contas mágicas de rosas" (veja o Capítulo 4).

Os benefícios de se desconectar

Embora contatar os amigos possa ser uma forma de apoio providencial, há momentos em que a enxurrada de informações e a tarefa de acompanhar todas essas pessoas, suas novidades e postagens podem te deixar cansada. Algumas vezes, a coisa mais fácil e inteligente a fazer quando se sentir sobrecarregada, é se desconectar. Dê um tempo do celular, das notícias, das mídias sociais e das formas eletrônicas de entretenimento. Explore um tipo de relaxamento mais lento.

Se você planeja se afastar por um tempo das ligações, mensagens de texto ou mídias sociais, seja gentil e avise os seus amigos para eles não se preocuparem com você.

Desconectar-se te ajuda a se concentrar de novo em si mesma, em vez de ser puxada em um zilhão de direções diferentes. Essas direções podem até ser importantes, mas você é tão importante quanto elas. Desconectar-se permite que você se concentre em estar no momento, aqui e agora. É uma ajuda para se afastar da montanha-russa emocional de reagir ao *stories* de um amigo, a um artigo jornalístico ou à indignação com notícias ao redor do mundo. Desconectar-se te dá a chance de se lembrar quem você é em sua essência. Aqui estão algumas sugestões para experimentar depois de desligar o ruído do ciclo de notícias e das mídias sociais:

- Ouvir música. É algo que muitas vezes fazemos como acompanhamento ou pano de fundo de outras atividades. Reserve um tempo para ouvir com atenção a profundidade e a riqueza da sua música preferida. Talvez você repare em detalhes que nunca percebeu antes.
- Leia alguma coisa por prazer. Um livro físico ou uma revista impressa é o ideal, mas você pode usar um *e-reader* ou um aplicativo de leitura no *smartphone* ou no *tablet*, desde que se desconecte da internet ao fazer isso. Não deixe as notificações te distraírem e não permita que um fútil pensamento de *"Vou só dar uma olhadinha nisso aqui"* atrapalhe seu tempo de atividade consciente.
- Trabalhe com as mãos por um tempo. Desenhe, pinte, cuide do jardim, cozinhe, faça um bolo, faça artesanato. Por que não conferir algumas das atividades mágicas e espirituais de autocuidado no Capítulo 4 para explorar a criatividade, ou algumas das receitas do Capítulo 3?

Por mais que você seja apaixonada pelas causas que apoia e pelas liberdades que defende, às vezes é exaustivo tentar ficar por dentro das notícias e se envolver nessas pautas. Há períodos em que é melhor se afastar de tudo e curar o seu estresse, buscando estar em forma para voltar à luta.

Talvez você diga que nem todo mundo tem o privilégio de poder se afastar. "Como posso ter a opção de sair do ringue quando há pessoas morrendo, passando fome, sendo oprimidas?", você se pergunta. Comparar seu estado pessoal com o de outra pessoa é uma receita para fugir do autocuidado. Alguém sempre vai estar pior. Isso não significa que você deve evitar cuidar de si mesma agora. Viva para lutar mais um dia. Reserve um tempo para se recarregar, se reorganizar e trazer o melhor de si para apoiar a sua causa.

Defina limites

Os limites são uma parte importante do autocuidado e te ajudam a se manter equilibrada e completa. Eles te protegem de um ataque furioso de energia e de pessoas que exigem o seu tempo. Se você tem dificuldade para dizer não às pessoas, talvez seus limites precisem ser fortalecidos.

Na magia, pensamos em um escudo pessoal como uma forma de limite da energia. Existem outros tipos de limites, no entanto, que são importantes para o bem-estar. Todas nós temos limites, e os limites inatos existem para nos ajudar a defender nossa saúde física, mental e emocional.

Muitas pessoas que praticam magia, que se identificam como bruxas ou pagãs ou que trabalham com energias naturais também se reconhecem como curandeiras. Quando você trabalha como curandeira, precisa ter muito cuidado para estabelecer limites sólidos, ou pode acabar perdida na dor do outro. Estar ao lado de alguém e apoiar essa pessoa pode te desgastar a um ponto em que não consiga se concentrar direito nas próprias questões. Você pode se sentir presa ao celular; relutante em ir dormir, caso alguém precise da sua presença; ou culpada por esquecer de alguém quando se diverte em algum lugar.

Ajudar amigos em tempos difíceis é uma coisa maravilhosa e amorosa de se fazer, mas você só pode fazer isso bem se estiver preparada: mentalmente e de outras formas. Às vezes, você chega a um ponto em que o apoio a outras pessoas se torna prejudicial à sua própria saúde, seja ela emocional, espiritual ou física. Quando você se esgota, também precisa de ajuda.

É muito difícil dizer a alguém que você precisa de um tempo e traçar limites. Seja honesta e comunique-se com clareza; explique a situação e os seus sentimentos. Não se sinta culpada por precisar de espaço. Tente usar as seguintes declarações para transmitir a necessidade de estabelecer limites para seu tempo e sua energia:

- Eu te amo. Eu me importo com você. Para continuar te ajudando, eu preciso de um espaço para me curar.
- Estou preocupada de, no meu estado atual, não conseguir te apoiar do jeito que quero. Receio dizer a coisa errada, confundir você ou causar mais mal do que bem.
- Tem muita coisa acontecendo na minha vida e eu não posso cuidar disso.

O que você deve oferecer ao seu amigo em vez de um passe de acesso livre ao seu tempo e à sua energia?

- Sugira janelas de tempo. Lembre a eles que você se importa, por isso está se esforçando para estar acessível em momentos específicos.
- Sugira conversar sobre outros interesses, não só sobre as coisas difíceis.

Agradando sua criança interior

Talvez você conheça o termo *criança interior*, que descreve o aspecto infantil da identidade de um indivíduo, uma parte semiautônoma do seu caráter subordinada à mente consciente desperta. Carl Jung considerava esse conceito como o arquétipo da criança, um vínculo com o eu passado de uma pessoa, as experiências na infância e a emoção, parte da base do eu adulto e desenvolvido. A psicologia popular associa potencial, criatividade e expressão à criança interior.

Como adultos, às vezes somos atraídos por brinquedos ou coisas divertidas das quais, com certeza, não precisamos em termos práticos, mas que queremos mesmo assim. Muitas vezes, nos negamos a entrega a esse tipo de diversão porque temos coisas mais importantes para comprar com o dinheiro, ou porque crescemos e não precisamos de coisas bobas como aquelas. E, mesmo assim, continuamos desejando.

O conceito de criança interior pode te ajudar a explorar a ideia de autocuidado. Por exemplo, muitas vezes, somos bastante duros conosco, usando uma conversa interna negativa ou estabelecendo padrões ridiculamente altos, que não aplicaríamos aos nossos amigos nem aos nossos filhos. Se você se pegar em uma conversa interna negativa

(*"Isso é ridículo"; "Eu sou muito burra"; "Eu nunca vou entender isso direito"*), pare e pergunte a si mesma se diria isso a uma criança, ou se permitiria que uma criança falasse isso sobre si mesma sem oferecer apoio emocional a ela. Autocuidado é cuidar de si mesma todos os dias. Se você pensar nos desejos e nas necessidades simples de uma criança, talvez isso lhe traga uma percepção diferente do tipo de autocuidado de que precisa.

Muitas coisinhas podem encantar uma criança: uma ida à sorveteria sem um motivo específico; um novo estojo de marcadores; colar adesivos coloridos nos quadrados do calendário ao fazer a contagem regressiva para um evento; sair para uma caminhada na chuva e deixar cair folhas no riacho formado pela tempestade. Talvez não seja nada disso o que a sua criança interior deseja ou precisa, mas dê a si mesma a oportunidade de pensar no que ela pode curtir. E lembre-se sempre de cuidar da sua criança interior com amor e respeito.

Objetos de conforto

Você tinha um bichinho de pelúcia ou um cobertor que adorava quando era criança, que ficou maltratado e surrado, mas que você carregava para todos os lugares mesmo assim? Objetos de conforto como esse te ajudam com a transição de situações conhecidas para situações desconhecidas, oferecendo uma sensação de continuidade e de ser cuidada.

Como adultos, às vezes nos privamos do conforto de maneira intencional, em uma estranha tentativa de provar que não precisamos dele. Usar objetos de conforto da infância pode representar acolhimento para sua criança interior.

Mesmo sendo crescidinhos, não há nada de errado em ter um objeto especial, como uma boneca ou um bicho de pelúcia, que faça com que se sinta feliz ou reconfortada quando o vê. Não exagere — você tem espaço para um conjunto inteiro de colecionáveis? —, mas se houver alguma coisa que deseja e que te daria conforto, esta é a oportunidade de aproveitar. Você ganha um bônus se puder estar com ele nos intervalos de autocuidado ou mantê-lo onde possa ser visto com frequência para te fazer sorrir.

Autocuidado no trabalho

O trabalho é um lugar desafiador. Você tem de lidar com a energia de muitas pessoas diferentes e trabalhar com um cronograma que pode não ser o ideal para seus ritmos pessoais. A cultura do seu local de trabalho também pode estimular, de maneira desnecessária, as horas extras, a prática de pular o almoço e os prazos quase impossíveis, graças a um cronograma ruim, projetos ambiciosos demais e à falta de membros na equipe para fazer o trabalho necessário. Mas há maneiras de contornar isso!

Reveja o exercício "Traçando um círculo", no Capítulo 1. Use-o como um escudo pessoal para te ajudar a manter a energia negativa à distância. (Para mais técnicas de defesa da sua energia pessoal no local de trabalho, consulte meu livro Protection Spells.)

A visualização positiva e as afirmações são técnicas fáceis e eficazes para te ajudar a incluir o autocuidado na sua rotina de trabalho. Tente combinar períodos de trabalho cronometrados e pausas ao longo do dia. Defina alarmes no celular ou no rastreador de atividades para fazer intervalos regulares, com o objetivo de se alongar e descansar os olhos.

Experimente confeccionar um mural de visualização específico para sua vida profissional, concentrando-se nas metas de autocuidado no local de trabalho. Se tiver vergonha de exibi-lo, faça um quadro pequeno (cerca de 13 cm × 18 cm), coloque-o em um porta-retratos e diga a qualquer um que olhar esquisito que é uma arte inspiradora.

Reúna um conjunto de itens que sejam importantes para você, que inspirem calma e foco quando olha para eles. Escolha uma tigela bonita ou um pote de vidro e coloque nela pedras, pequenas imagens e bugigangas. As pedras ideais para incluir são jaspe, para força; quartzo transparente, para energia; quartzo rosa, para amor-próprio e energia positiva; ametista, para proteção; e sodalita, para sabedoria.

Esteja no momento

O autocuidado tem muito a ver com estar no momento e evitar se preocupar com o passado, o futuro ou situações sobre as quais você não tem controle, como a opinião dos outros. Aqui está uma lista de lembretes sobre o trabalho para ler de vez em quando.

- Divida tarefas maiores em etapas e delegue o que puder.
- Se precisar, defina prioridades e deixe de lado as outras coisas, sem culpa.
- Quando perceber que os problemas estão se avolumando, comunique-se com a maior frequência e clareza possível. É melhor alertar as pessoas de que você vai atrasar um dia para entregar alguma coisa do que se sobrecarregar para cumprir o prazo inicial e se tornar inútil nos dias seguintes.
- Estabeleça limites e cumpra-os. Se você não tiver tempo, diga "não" quando alguém te pedir ajuda para alguma coisa.
- Seja organizada. A desordem não apenas cria uma energia caótica, mas torna mais difícil acompanhar quais são suas prioridades e o material de que você precisa para alcançar seus objetivos.
- Descreva metas de curto prazo ou divida objetivos maiores em uma série de metas de curto prazo. O prazer que você vai obter ao alcançar metas menores vai te impulsionar até a próxima tarefa. Também comemore quando bater essas metas.
- Lembre-se de que as coisas não precisam ser perfeitas. Elas só precisam ser boas o suficiente.
- Lembre-se de respirar fundo de vez em quando para reabastecer os níveis de oxigênio e ajudar a liberar a tensão do corpo.

Minidesconexão de autocuidado para encontrar o eixo no trabalho

Estar no trabalho pode tornar o processo de ter atenção plena e tempo para si mesma um desafio. Aqui está uma atividade rápida, de cinco minutos, para te ajudar a se desconectar e encontrar o eixo. Você pode até fazer isso no caminho para o banheiro; mas escolha um banheiro em outro andar para ver coisas diferentes do habitual.

Como fazer:

1. Seja na hora do almoço ou em um intervalo, saia para uma caminhada curta. Se você trabalha em um arranha-céu, desça até o saguão; você ganha pontos se usar a escada na ida ou na volta, mesmo que seja apenas em uma parte da subida ou descida.
2. Enquanto caminha, preste atenção na sua inspiração e expiração sem julgamentos.
3. Olhe para as coisas ao redor; perceba as cores, as texturas, a luz.
4. Volte para o seu local de trabalho. Sente-se e feche os olhos. Respire fundo e devagar três vezes. Toda vez que expirar, permita-se liberar toda e qualquer tensão que seu corpo esteja carregando.
5. Volte ao trabalho. Você acabou de mudar seu espaço mental e físico em apenas cinco minutos. Mesmo uma pausa mental breve como essa, combinada com o movimento físico e a atenção plena, pode te ajudar a reiniciar a mente.

DICA: Você tem o hábito de trabalhar durante o almoço e/ou comer na sua mesa? Você pode achar que produz mais dessa maneira, mas talvez isso não seja verdade. Não permitir que o cérebro e o corpo tenham a chance de estar em um lugar diferente pode, na verdade, te deixar mais lenta no fim do dia. Às vezes, o ditado "Uma mudança é tão boa quanto um descanso" tem significado! Afastar-se da sua mesa permite que você saia do seu ambiente normal, e isso pode te ajudar a reiniciar a mente. Comer em um lugar diferente permite que você aprecie mais a refeição. É difícil ter atenção plena quando seu foco está em outra tarefa. Você merece um tempo longe da mesa de trabalho.

3

Autocuidado físico

Capítulo 3

A saúde física é um elemento importante do autocuidado. Respeite seu corpo, cuidando dele, nutrindo-o e celebrando-o. Ele é o veículo que abriga seu espírito e merece ser honrado por isso. Um relacionamento saudável com o corpo fortalece e apoia o trabalho de autocuidado que você faz para manter a mente e o espírito em boas condições. Autoestima, amor-próprio e bem-estar estão todos interligados, e o corpo físico costuma ser rebaixado na lista de prioridades quando se trata de autocuidado. Tópicos como alimentação, envelhecimento, escolha das roupas, descanso e exercícios podem trazer associações desconfortáveis enraizadas em expectativas ou experiências passadas, dificultando a aceitação do seu corpo físico e o amor que sente por ele. Você vale a pena. O corpo físico é uma parte importante de você e da sua rotina de autocuidado. Este capítulo explora maneiras de abordar o cuidado com o corpo físico.

Estresse e o corpo físico

Altos níveis de estresse podem levar a um sistema imunológico sobrecarregado, e dizem que reduzem a eficiência com que você digere os alimentos e extrai nutrientes deles. O estresse interrompe o sono ou reduz sua qualidade. Ele gera a negligência no autocuidado, e isso é algo que precisa mudar para você se manter em forma, não apenas no âmbito físico.

Se você tem acesso a profissionais de saúde e a um plano de saúde decente, não ignore a oportunidade de se submeter a exames médicos e odontológicos anuais. Detectar problemas em potencial, antes que eles se tornem questões maiores, pode lhe poupar muito sofrimento. Se estiver lutando contra a depressão, a ansiedade ou o estresse excessivo, leve esses problemas para seu médico. Lembre-se: nada disso é sinal de fraqueza nem de fracasso, esses são sintomas que indicam que os sistemas do corpo não estão funcionando com a eficiência ideal.

Lembre-se de se hidratar

Como alguém pode esquecer algo tão simples quanto beber água? É fácil. Você procura pela cafeína para te ajudar a se animar e ficar acordada; busca um refrigerante para ter doçura; bebe sucos e vitaminas para maximizar a ingestão de proteínas ou frutas e vegetais. (Tudo bem, os sucos e as vitaminas não são tão ruins.) Mas a maioria das pessoas precisa de muito mais água pura do que costuma beber.

Como você lembra a si mesma de beber água? Experimente este feitiço: a ideia é programar uma garrafa ou caneca para que ela te ajude a se hidratar mais e ter uma boa saúde.

Criando uma garrafa d'água mágica

Melhor do que apenas comprar e usar uma caneca bonita é programar um recipiente para atrair saúde e felicidade para você, proporcionando energia positiva para o seu corpo a cada gole!

Você vai precisar de:

Uma garrafa ou caneca com tampa e canudo reutilizáveis;
Uma folha de papel em branco (20 cm × 25 cm);
Uma pedra de quartzo transparente;
Uma pedra de quartzo rosa;
Um marcador permanente.

Como fazer:

1. Antes de começar, lave e seque a garrafa ou caneca.
2. Centre-se e aterre-se.
3. Coloque o pedaço de papel em branco no centro do local onde você pratica magia. Posicione a garrafa no centro do papel. Coloque o quartzo transparente alguns centímetros atrás do copo e o quartzo rosa alguns centímetros na frente dele. Com a caneta, desenhe uma seta do quartzo branco até a garrafa, depois da garrafa até o quartzo rosa. Desenhe uma seta final do quartzo rosa até você.
4. Diga:

Garrafa, seja para mim um elemento no cuidado da minha saúde ideal.
Proporcione hidratação para que a sede do meu corpo seja saciada,
Para que a minha pele brilhe,
Para que o meu corpo fique livre de toxinas.
Cada gole me traz felicidade. Eu bebo com alegria e energia positiva.
Que assim seja!

5. Pegue a garrafa, vire-a e escreva seu nome no fundo. Diga: *"Com isso eu selo o feitiço".*
6. Leve-a para o trabalho e beba, beba, beba!

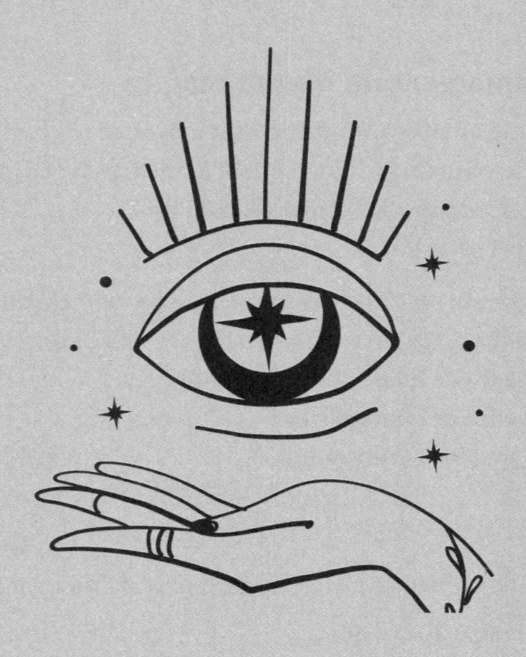

Descanse os olhos

Esta é uma daquelas coisas que sempre nos esquecemos de fazer. Use este exercício como a maneira perfeita de reservar alguns minutos para se reconectar com seu eu interior, além de descansar os olhos.

Exercício: descanse os olhos

Como fazer:

1. Centre-se e aterre-se. Feche os olhos.
2. Respire de forma lenta e profunda por cinco vezes e comece a repetir a seguinte afirmação (em voz alta ou na sua cabeça): *"Eu estou relaxada e focada. Eu vejo com clareza"*.
3. Continue respirando e repetindo a afirmação durante um período de dois a três minutos.
4. Abra os olhos. Flexione as mãos e os pés, depois alongue os braços e as pernas. Movimente o pescoço de um jeito suave. Volte ao trabalho.

A nutrição como autocuidado

Hábitos alimentares adequados muitas vezes são as primeiras coisas a fugir pela janela quando estamos estressadas. Talvez você deixe de comer quase por completo por causa de restrições de tempo ou falta de apetite (sou culpada dessa acusação). Ou talvez sua ingestão de alimentos seja jogada para o fim das prioridades, enfiada no meio de outras coisas da lista de tarefas, e você come o que é fácil, em vez do que é ideal para se cuidar melhor — ou come depressa por falta de tempo.

Mas comer é uma das formas mais básicas de autocuidado. Sem uma nutrição adequada, você se torna incapaz de lidar com as outras tarefas diárias. A fadiga e os baixos níveis de energia são consequências muito comuns e sua memória e clareza mental também podem sofrer. Em essência, você prejudica seu funcionamento básico. Não se trata sequer de comer as comidas certas, e sim de cobrir as necessidades básicas do corpo para que ele funcione.

A comida também afeta o seu humor. Ele é regulado pela produção de hormônios, que sofre um impacto quando você fica sem alimentos com valor nutricional adequado. Ouça as necessidades do seu corpo em relação aos alimentos. Você já sentiu fome porque não forneceu combustível suficiente para o corpo? Ou ficou letárgica e incapaz de se concentrar porque comeu muito em uma refeição?

A alimentação pode ser uma coisa complicada. Às vezes, somos pegas usando a comida como gratificação ou autocuidado de um jeito destrutivo, tentando nos animar com guloseimas que podem fazer com que nos sintamos bem em um nível emocional, mas que não proporcionam uma recompensa tão grande em valores nutricionais. E, às vezes, quando você sente que a maior parte da sua vida está fora de controle, comer acaba se tornando uma coisa que consegue controlar. Lembre-se: um agrado extravagante ao paladar de vez em quando pode ser uma indulgência, mas se isso virar algo frequente, não será mais apenas um agrado.

É necessário ter energia para investir no planejamento e na preparação dos alimentos, e isso pode ser assustador se você já estiver lutando contra a ansiedade, a depressão, uma agenda maluca ou níveis baixos de energia. Suas condições de vida e de renda podem não permitir o armazenamento ou a preparação adequada dos alimentos, o que talvez também afete sua capacidade de gerenciar o autocuidado nutricional.

Não existe uma solução mágica para resolver o problema das refeições, mas você deve se esforçar sempre que puder. Para facilitar o planejamento, reserve meia hora por semana para programar as refeições, de forma que não se pegue meia hora antes do jantar pensando no que fazer. Encomende mantimentos on-line, se puder; do contrário, tenha uma lista básica de tudo que for necessário para o preparo das refeições da semana. Para facilitar, prepare uma quantidade maior e congele algumas porções para os dias em que você chegar tarde em casa, com fome e sem energia.

Receitas

Aviso sincero: esta seção do livro de autocuidado não se preocupa muito com a contagem de calorias. As receitas não são difíceis, mas também não são rápidas. O propósito é o conforto e bem-estar.

Sopas

As sopas são um alimento maravilhoso de autocuidado. São espessas, satisfazem, são quentes e leves. Elas também são fáceis de preparar e de congelar. Se estiverem muito espessas depois de descongeladas, adicione mais caldo.

Sopa de legumes assados

Este é o meu tipo preferido de sopa de outono! É um ótimo jeito de comemorar a colheita. As cenouras são associadas ao sucesso (especialmente ao sucesso físico); a abóbora, às bênçãos e à consciência de outros reinos; as pimentas carregam energia protetora; os tomates são associados à saúde, ao amor e à proteção; a batata-doce é relacionada ao amor; e a cebola e o alho, à proteção.

Esta receita rende seis porções.

Você vai precisar de:

1 cebola grande descascada;
8 cenouras médias descascadas;
1 abóbora-manteiga pequena, descascada e sem sementes;
4 pimentões vermelhos médios, sem talo e sementes;
3 tomates grandes, sem as sementes;
4 batatas-doces médias descascadas;
4 mandioquinhas grandes descascadas;
2 colheres de sopa de azeite;
1 colher de sopa de alecrim fresco picado;
1 colher de chá de sal;
1/2 colher de chá de pimenta-do-reino moída na hora;

½ cabeça de alho, com os dentes descascados;
5 xícaras de caldo (de frango ou legumes).

Como fazer:

1. Pré-aqueça o forno a 220° C.
2. Corte os legumes em pedaços de 5 cm.
3. Em uma tigela grande, misture os legumes com o azeite e depois espalhe em uma assadeira grande. Salpique com o alecrim e adicione sal e pimenta.
4. Leve a mistura ao forno e asse por uma hora. Em seguida, adicione os dentes de alho, mexa, e volte ao forno por mais quarenta e cinco minutos.
5. Tire do forno e transfira os legumes para uma tigela grande. Despeje o caldo na assadeira e deglaceie-o, raspando os pedaços grudados ou tostados. Despeje o caldo na tigela com os legumes assados.
6. Se tiver um liquidificador, bata a sopa em pequenas porções e despeje o purê em uma panela grande. Caso contrário, coloque os legumes e o caldo direto na panela e use um *mixer* para transformá-los em purê. Caso deseje, dilua a consistência com mais caldo. Se a sopa estiver muito rala, deixe ferver um pouco mais para evaporar um pouco do líquido. Prove e ajuste os temperos de acordo com a sua preferência.
7. Sirva quente com pão fresco. Você pode adicionar um pouco de creme de leite ou iogurte grego à tigela de sopa, se isso for do seu agrado.

Sopa de alho-poró e batata

O alho-poró é subestimado. As batatas carregam energia protetora, enquanto o alho-poró faz parte da família da cebola, associada à saúde e à eliminação da negatividade. Para uma versão vegana sem laticínios, substitua a manteiga por azeite e use leite de coco em vez de leite integral.

Esta receita rende quatro porções.

Você vai precisar de:

- 2 alhos-porós médios cortados no sentido do comprimento e deixados de molho;
- 1 cebola pequena descascada e picada;
- 8 batatas médias descascadas e cortadas em cubos;
- 1 folha de louro;
- 1 ramo de tomilho fresco;
- 2 colheres de sopa de manteiga;
- 4 xícaras de caldo (de frango ou legumes);
- 1/2 colher de chá de sal;
- 1/2 colher de chá de pimenta-do-reino moída na hora;
- 1 xícara de leite integral;
- 2 colheres de sopa de cebolinha picada;
- Creme de leite (opcional);
- Queijo *cheddar* ralado (opcional).

Como fazer:

1. Retire a ponta da raiz do alho-poró e pique só as partes verde-claras e brancas, descartando as pontas verde-escuras.
2. Derreta a manteiga em uma panela grande e pesada, em fogo médio. Cozinhe o alho-poró e a cebola até ficarem macios, mexendo sempre (por cerca de dez minutos).
3. Despeje o caldo na panela, mexendo e raspando qualquer pedacinho do refogado que tenha grudado no fundo. Adicione as batatas, a folha de louro, o tomilho, o sal e a pimenta, e mexa de novo. Reduza o fogo para médio-baixo e cozinhe por cerca de 25 minutos.

4. Junte o leite e cozinhe por mais quinze minutos. Remova a folha de louro e o ramo de tomilho. Use um *mixer* para triturar a sopa na panela, ou bata em porções no liquidificador. Se a sopa estiver muito rala, ferva até engrossar; se estiver muito grossa, adicione um pouco de caldo. Se preferir uma sopa mais sofisticada, adicione um pouco de creme de leite.
5. Decore com cebolinha picada e sirva com pão fresco.
6. Se você gostar de queijo com batatas, misture uma xícara de queijo *cheddar* ralado até derreter.

Gaspacho

Um agrado de verão delicioso, fresco e leve! Decore com croutons de parmesão caseiros para melhorar este mimo (veja a receita a seguir). Se os tomates não estiverem muito suculentos, você pode adicionar um pouco de suco de tomate ou de vegetais à mistura de pão e vegetais para ajudar a umedecê-los.

Esta receita rende quatro porções.

Você vai precisar de:

1 pepino médio descascado e picado;
1 pimentão vermelho médio, sem talo, sem sementes e picado;
1 pimentão verde médio, sem talo, sem sementes e picado;
2 dentes de alho descascados e picados;
4 fatias de pão branco amanhecido (de preferência, pão italiano) cortado em cubos;
900 g de tomates comuns ou italianos picados;
1/4 de xícara de cebola roxa descascada e picada;
2 colheres de sopa de azeite;
2 colheres de sopa de vinagre de arroz;
1 colher de sopa de suco de limão fresco;
1/2 colher de chá de sal;
1/2 colher de chá de pimenta-do-reino moída na hora;
2 colheres de sopa de manjericão fresco picado (para decorar).

Como fazer:

1. Misture os legumes picados e o pão em uma tigela grande. Regue com o azeite, o vinagre e o suco de limão; salpique tudo com o sal e a pimenta e misture de novo. Aperte para liberar o suco dos vegetais, e depois cubra com plástico filme e leve à geladeira por pelo menos uma hora (de um dia para o outro é o ideal).
2. Transfira os ingredientes resfriados para um processador de alimentos ou um liquidificador e, depois, bata-os. Se preferir uma sopa mais lisa e com menos pedaços, adicione, aos poucos, mais duas colheres de sopa de azeite, misturando bem entre cada adição.
3. Prove a mistura e adicione um pouco mais de vinagre, sal e pimenta, se desejar. Cubra e leve à geladeira de novo até esfriar bem.
4. Sirva salpicado com manjericão fresco picado.

Croutons de parmesão

Ficam uma delícia no gaspacho ou em uma salada — ou comidos puros, para ser sincera. Se o seu pão estiver amanhecido, leve as fatias ao forno a 150° C, por um a dois minutos, para secá-las um pouco antes de cortá-las em cubos. Você pode usar qualquer tipo de pão. Este é um ótimo jeito de aproveitar o pão dormido. Também é possível substituir o azeite por manteiga derretida.

Você vai precisar de:

4 fatias grossas de pão italiano, ligeiramente dormido;
4 colheres de sopa de azeite;
2 colheres de chá de queijo parmesão ralado;
1 pitada de orégano seco;
1 pitada de manjericão seco;
1 pitada de tomilho seco;
1 pitada de alho em pó;
1 pitada de sal.

Como fazer:

1. Pré-aqueça o forno a 150° C. Forre uma assadeira com papel alumínio ou papel manteiga.
2. Descasque as fatias de pão, se desejar e corte-o em cubinhos.
3. Em uma tigela média, misture o azeite, o queijo parmesão, o orégano, o manjericão, o tomilho, o alho em pó e o sal. Adicione os cubos de pão e misture tudo.
4. Transfira os cubos para a assadeira forrada e asse por cerca de vinte minutos até dourar. Deixe esfriar antes de servir ou transferir para o recipiente de armazenamento da sua escolha.

Pães

A coisa que eu mais gosto de fazer é pão. Peço desculpas pelos aromas deliciosos que emanam da minha casa a todos que moram perto e funcionam melhor com dietas ricas em proteínas e pouco carboidrato.

Os grãos são magicamente associados à abundância e à prosperidade.

Pão branco básico

Esta é a versão atual do meu pão básico. É fácil fatiá-lo para fazer sanduíches. Uso uma batedeira para bater meu pão semanal, mas faço pães mágicos à mão para impregnar uma energia específica neles. Esta é uma massa úmida que se comporta bem na batedeira.

Esta receita rende dois pães.

Você vai precisar de:

- 2 colheres de chá de fermento biológico seco;
- 1 pitada de açúcar;
- 1 colher de chá de sal;
- 1 colher de sopa, mais 2 colheres de chá de óleo vegetal divididas;
- 2 xícaras de água morna;
- 5 xícaras de farinha de trigo branca.

Substituições da farinha
Você pode substituir até metade da farinha de trigo branca por farinha integral. Nesse caso, talvez seja necessário um pouco mais de líquido. Adicione a farinha de trigo integral primeiro; deixe descansar um pouco para ela absorver parte do líquido antes de acrescentar o restante da farinha de trigo branca e misturar. Também sugiro deixá-la crescer um pouco mais.

Como fazer:

1. Misture o fermento, o açúcar, o sal, uma colher de sopa de óleo e a água em uma tigela média. Deixe o fermento agir e formar espuma, o que pode levar de cinco a dez minutos.
2. Adicione duas xícaras de farinha, misturando com os ingredientes; depois, acrescente a farinha restante, xícara por xícara. Se a massa ainda estiver muito pegajosa e você não conseguir manuseá-la, adicione farinha aos poucos. Contudo, a massa não deve ficar seca.
3. Despeje a massa em uma superfície levemente enfarinhada e sove por cinco a oito minutos. A massa é úmida, e a água extra significa que você não precisa sovar tanto. Use apenas farinha suficiente para evitar que a massa vire uma bagunça.
4. Unte o interior da tigela com uma colher de chá de óleo e despeje a massa, virando-a para cobrir toda a superfície com óleo. Cubra a tigela com um pano úmido e deixe-a crescer dentro do forno desligado por cerca de uma hora.
5. Retire a massa do forno e a sove, dobrando-a algumas vezes.
6. Unte o interior de duas formas de pão com a colher de óleo restante. Corte a massa ao meio e molde cada metade na forma de um pão. Coloque as massas nas fôrmas, virando para cobrir tudo de novo com óleo. Deixe os pães crescerem no forno desligado por mais trinta minutos.

7. Remova as fôrmas e pré-aqueça o forno a 180° C.
8. Leve os pães ao forno aquecido e asse por trinta minutos, até dourar por cima. Desenforme os pães. Depois disso, você deve ouvir um som oco, quando der uma batidinha no fundo dos pães. Se o fundo estiver macio ou a batida soar pesada, em vez de oca, retorne os pães ao forno por alguns minutos e verifique de novo. Deixe esfriar sobre uma grelha.

Pãezinhos de ervas

Quando eu faço estes pães, meus filhos ignoram o pão de forma e fazem sanduíches e petiscos com eles. E não posso culpá-los. Eles ficam deliciosos com uma fatia de queijo.

Esta receita rende cerca de dezesseis pãezinhos.

Você vai precisar de:

1. 1 colher de chá de fermento biológico seco;
2. 1 pitada de açúcar;
3. 1/2 colher de chá de sal;
4. 4 colheres de chá de manteiga derretida dividida;
5. 1 xícara de água morna;
6. 2 1/2 xícaras de farinha de trigo;
7. 1/2 colher de chá de alho em pó;
8. 1/2 colher de chá de cebola em pó;
9. 1 colher de chá de cebolinha fresca picada;
10. 1 colher de chá de ervas finas (manjericão, alecrim, tomilho, manjerona e orégano);
11. 2 colheres de chá de óleo vegetal para untar a tigela e a frigideira.

Como fazer:

1. Misture em uma tigela média o fermento, o açúcar, o sal, duas colheres de chá de manteiga derretida e a água. Deixe o fermento agir e formar espuma, o que pode levar de cinco a dez minutos.
2. Adicione uma xícara de farinha e misture; acrescente os temperos e a farinha restante em duas partes. Se a massa ainda estiver muito pegajosa, coloque mais farinha aos poucos para facilitar o manuseio. No entanto, a massa não deve ficar seca.
3. Despeje a massa em uma superfície levemente enfarinhada e sove por um período de cinco a oito minutos. A massa deve ser úmida, então use apenas farinha suficiente para não fazer bagunça ao manuseá-la.
4. Unte o interior da tigela com uma colher de chá de óleo e despeje a massa, virando-a para cobrir toda a superfície com óleo. Cubra a tigela com um pano úmido e deixe a massa crescer dentro do forno desligado por cerca de uma hora.
5. Tire a massa do forno e a sove, dobrando-a algumas vezes.
6. Unte uma assadeira com o óleo restante. Separe pedaços da massa e molde no tamanho que preferir (eu gosto de bolinhas com cerca de 4 cm de diâmetro). Distribua as bolinhas na assadeira, quase encostando uma na outra, em fileiras organizadas. Pincele a parte de cima com a manteiga derretida restante. Deixe os pãezinhos crescerem por mais 45 minutos dentro do forno desligado.
7. Remova a assadeira e pré-aqueça o forno a 180° C.
8. Leve os pãezinhos ao forno aquecido e asse por trinta minutos até dourar por cima. Deixe-os esfriarem sobre uma grelha.

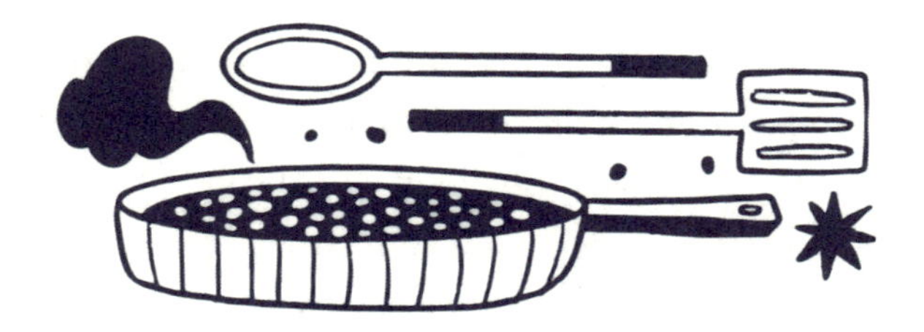

Pratos principais e acompanhamentos

O núcleo da sua refeição! As duas primeiras receitas são pratos afetivos clássicos, e a receita de batata combina com quase tudo.

Carne assada de panela

A carne carrega energia vital, assim como o vinho tinto (que você pode usar nesta receita). O alho e a cebola são associados à boa saúde. A proteína da carne também serve para te aterrar. Se puder, experimente usar carne proveniente de gado alimentado com capim ou criado livre. O sabor é uma revelação. Sirva com purê de batata e rodelas de cenoura salteadas na manteiga.

Esta receita rende quatro porções.

Você vai precisar de:

- 1,5 kg de capa de contrafilé desossado;
- 1 colher de chá de sal;
- 1 colher de chá de pimenta moída na hora;
- 3 dentes de alho grandes, descascados e bem picados;
- 2 colheres de sopa de tempero pronto para carne;
- 2 colheres de sopa de azeite, divididas;
- 2 cebolas amarelas ou roxas pequenas, descascadas e cortadas em cubos;
- 1 xícara de *champignons* fatiados;
- 1 xícara de caldo de carne;
- 1 xícara de vinho tinto ou branco;
- 2 colheres de chá de amido de milho.

Como fazer:

1. Esfregue a carne com o sal, a pimenta, o alho e o tempero pronto. Deixe descansar por cerca de uma hora à temperatura ambiente.
2. Aqueça uma colher de sopa de azeite em uma panela funda e larga ou em uma caçarola, em fogo médio–alto. Acrescente a carne e sele-a de todos os lados. Tire a carne da panela e deixe-a descansar em um prato, enquanto você cuida da próxima etapa.
3. Reduza o fogo para médio–baixo. Adicione a colher de sopa restante de azeite e refogue as cebolas até ficarem macias. (Se o resíduo no fundo da panela ficar muito marrom, abaixe ainda mais o fogo, adicione um pouco de água e raspe-o, misturando com as cebolas.) Adicione os cogumelos e mexa, dourando mais um pouco. Despeje o caldo de carne e o vinho e mexa mais, raspando o fundo a panela.
4. Coloque a carne de volta na panela e despeje os sucos que se acumularam enquanto ela descansava.
5. Tampe a panela e reduza o fogo, deixando-o apenas um pouco acima do mínimo. Deixe a carne cozinhar por cerca de duas horas e, em seguida, vire-a com cuidado. Tampe a panela de novo e deixe cozinhar por mais duas horas.
6. Teste a carne usando dois garfos para remover uma pequena porção; se desfiar com facilidade e estiver úmida por dentro, está pronta. Se estiver difícil de separar, tampe de novo e deixe cozinhar por mais tempo. Verifique a cada dez minutos, adicionando um pouco mais de vinho ou caldo, se necessário. Quando a carne desfiar com facilidade, retire cerca de um quarto de xícara do líquido de cozimento, despeje-o em uma tigela pequena e misture o amido de milho.
7. Empurre a carne para um lado da panela. Aumente o fogo para médio–alto e acrescente a mistura de amido de milho; deixe ferver para engrossar o molho. Prove e ajuste os temperos, se necessário. Apague o fogo e use garfos para desfiar o restante da carne na panela. Sirva quente.

Macarrão com queijo no forno

Fica uma delícia quando é feito com massa integral; a dureza da massa combina bem com o molho de queijo. Cozinhar um pouco menos o macarrão faz com que ele fique mais firme e não desmanche no molho de queijo. Os laticínios são associados à nutrição e à saúde, e os produtos à base de grãos são relacionados à prosperidade e à abundância.

Esta receita rende cinco porções.

Você vai precisar de:

- 250 g de macarrão comum ou integral (rotini, fusilli ou o que você preferir)
- 1 colher de chá, mais 3 colheres de sopa, e mais 1 ½ colher de sopa de manteiga, divididas;
- ¼ de xícara de farinha de trigo;
- 2 ½ xícaras de leite;
- ½ colher de chá de sal;
- ¼ de colher de chá de pimenta-do-reino moída na hora;
- 1 pitada de cebola em pó;
- 1 pitada de alho em pó;
- 1 xícara de queijo gruyère ralado;
- 1 xícara de queijo gouda ralado (de preferência defumado);
- 1 xícara de queijo Oka ou Port Salut ralado (ou outro queijo semimole e cremoso);
- 1 xícara de *cheddar* maturado ralado;
- ½ xícara de migalhas de pão (farinha de rosca flocada é o ideal).

Teste os sabores
Além das especiarias recomendadas nesta receita, você também pode adicionar uma pitada ou duas de ervas de Provence e um toque de mostarda Dijon, ou uma pitada de noz-moscada. Divirta-se experimentando!

Como fazer:

1. Pré-aqueça o forno a 180° C.
2. Cozinhe o macarrão de acordo com as instruções da embalagem, mas por um minuto a menos do que o indicado. Escorra, despeje de volta na panela e misture uma colher de chá de manteiga.
3. Em outra panela grande, derreta as três colheres de sopa de manteiga em fogo médio. Junte a farinha e cozinhe por um minuto, mexendo sempre.
4. Despeje uma xícara de leite e use um *fouet* para misturar e dissolver bem. Acrescente o restante do leite e continue mexendo. Adicione o sal, a pimenta, a cebola e o alho em pó e cozinhe por aproximadamente cinco minutos, mexendo sempre, até o molho engrossar e adquirir uma consistência cremosa. Retire do fogo e misture os queijos ralados. Prove o tempero e ajuste, se necessário.
5. Acrescente o molho sobre o macarrão e misture com cuidado. Despeje em uma assadeira.
6. Em uma tigela pequena, use um garfo para misturar as migalhas de pão ou farinha de rosca flocada com uma colher e meia de sopa de manteiga. Salpique por cima do macarrão.
7. Asse por cerca de trinta minutos. Não deixe muito tempo no forno; este prato deve ser cremoso!

Batatas com alecrim

Eu adoro como as batatas ficam doces quando são assadas. Eu uso batatas russet quando posso, mas a yacon ou outras batatas de polpa amarela também funcionam nesta receita. O alecrim e o limão realçam o sabor delas.

Esta receita rende quatro porções.

Você vai precisar de:

500 g de minibatatas;
1 colher de sopa e 1 colher de chá de azeite;
1 colher de sopa de mostarda Dijon;
2 colheres de chá de alecrim fresco picado;
2 colheres de chá de suco de limão;
1 dente de alho descascado e picado;
1 colher de chá de sal;
1/2 colher de chá de pimenta-do-reino moída na hora;
1 pitada de pimenta caiena.

Como fazer:

1. Pré-aqueça o forno a 220° C. Forre uma assadeira com papel alumínio e pincele com uma colher de chá de azeite.
2. Corte as batatas ao meio; as maiores podem ser cortadas em quatro. Coloque em uma tigela grande e adicione o restante dos ingredientes. Mexa bem para cobrir tudo.
3. Espalhe as batatas na assadeira e leve ao forno. Asse por quinze minutos, mexa um pouco, virando as batatas, e asse por mais quinze minutos ou até que uma faca entre com facilidade na batata e o interior esteja macio. Sirva.

Os benefícios dos chás

O chá oferece benefícios físicos, além da sensação reconfortante de uma xícara quente na mão ou de uma dose de cafeína. A L-teanina, que estimula o relaxamento e aumenta os níveis de dopamina, é um aminoácido incomum na nossa dieta e costuma ser encontrado nas folhas de chá. É um composto que alivia o estresse e afeta os padrões de ondas cerebrais, para que elas se comportem como costumam se comportar quando o corpo está relaxado, elevando as ondas de frequência alfa para promover um estado alerta e calmo. Ela é encontrada nos chás verde e preto, com níveis mais altos no chá verde, como o matcha.

Observe que é importante pesquisar qualquer erva antes de usá-la em um chá. Verifique as interações com os medicamentos que você já usa e as possíveis contraindicações para suas alergias.

Aqui estão alguns componentes comuns de chás de ervas e informações sobre eles.

Camomila

Semelhante às margaridas da família *Asteraceae*, a camomila usada em aplicações medicinais e fitoterápicas costuma ser a camomila-romana (*Chamaemelum nobile*) e a camomila-alemã (*Matricaria chamomilla*). O chá de camomila é usado como ansiolítico, tem efeito sedativo e serve para promover o relaxamento em geral. (Ele não deve ser usado por mulheres grávidas, pois pode provocar contrações uterinas.)

Lavanda

Se existe uma erva clássica associada à serenidade, ao relaxamento e à calma, é a lavanda (*Lavandula angustifolia*). É ótima para lidar com o estresse emocional, mas também funciona para o estresse físico e mental. Tente adicionar uma pitada de flores de lavanda a qualquer chá preto, ou misture com camomila, verbena e um pouco de hortelã para fazer um chá de ervas agradável e desestressante.

Erva-cidreira

A erva-cidreira (*Melissa officinalis*) tem propriedades relaxantes que ajudam a aliviar dores de cabeça, acalmar a ansiedade e tratar a insônia. Ela também é boa para tomar quando você estiver resfriada, pois tem propriedades antivirais. O seu sabor é delicado e cítrico.

Erva-luísa

A erva-luísa, ou limonete (*Aloysia citriodora*, também chamada de *Lippia citriodora*), promove um sono reparador, funciona como anti-inflamatório, melhora a digestão, acalma os nervos, alivia o estresse e funciona como antioxidante. O seu sabor é fresco e cítrico.

Maracujá

O maracujá (*Passiflora* spp.) combate a ansiedade, o pânico, a insônia e a depressão. Também tem propriedades analgésicas, o que significa que acalma a dor neuropática. Ele ainda pode ajudar a equilibrar o humor. O sabor é suave e fresco. Mulheres grávidas devem evitar o maracujá, pois ele pode estimular as contrações uterinas.

Escutelária

A escutelária americana (*Scutellaria lateriflora*) é usada para tratar ansiedade, dores de cabeça e insônia. É um calmante que promove o relaxamento e uma sensação de bem-estar diante do estresse. (Use sempre a escutelária americana; a escutelária chinesa [*Scutellaria baicalensis*] é uma planta totalmente diferente que possui aplicações distintas.)

Verbena

A verbena (*Verbena officinalis*) tem efeito ansiolítico, relaxante e sedativo, além de funcionar como um forte antioxidante, pois contém muita vitamina C. O sabor pode ser amargo, por isso é bom misturá-la com outras ervas ou adicionar um pouco de limão e mel. Observação: por causa do seu nome botânico, a verbena às vezes é confundida com a erva-luísa (que em inglês é conhecida por *lemon verbena*).

Cuidados no banho e na ducha

A higiene é uma necessidade, mas não há motivo para você não aproveitar esse tempo para maximizar o prazer! O autocuidado pode incluir o nível básico de higiene, assim como pode incluir o básico da ingestão de alimentos para sobreviver. Mas transformar isso em uma experiência agradável e em um momento especial é algo mágico e realmente nutre a alma em vez de apenas o corpo.

Inclua uma energia especial nos seus banhos e duchas, confeccionando e usando misturas mágicas como barras de esfoliação, esferas efervescentes, óleos e sais de banho.

Barras de esfoliação para ducha

Os esfoliantes à base de açúcar são uma perdição, mas podem ficar um pouco pegajosos quando são armazenados em um pote. Então por que não experimentar um esfoliante em barra? Esta mistura tem óleos e cera de abelha, para nutrir a pele, e açúcar refinado, para ajudar a remover as células mortas. Se não tiver açúcar de confeiteiro, bata açúcar granulado comum no liquidificador ou processador de alimentos para reduzir o tamanho dos grânulos. Você também pode adicionar raspas de limão granuladas à mistura antes de incluir o açúcar. Comece com uma colher de chá de raspas e, se quiser um cheiro de limão mais forte, adicione mais. A manteiga de karité e a cera de abelha podem ser encontradas em lojas de produtos naturais ou compradas on-line.

Você vai precisar de:

- 2 1/2 colheres de sopa de óleo de coco;
- 2 colheres de chá de manteiga de karité;
- 2 colheres de sopa de grânulos de cera de abelha;
- 10 gotas de mistura de óleo essencial de rosa (veja a dica);
- 6 gotas de óleo essencial de limão;
- 1 a 2 gotas de corante alimentar vermelho (opcional);
- 1/2 xícara de açúcar de confeiteiro;
- *Hashi* ou palito de artesanato;
- Moldes de silicone;
- Papel-manteiga;
- Recipiente para armazenar.

Como fazer:

1. Coloque o óleo de coco, a manteiga de karité e a cera de abelha em uma pequena tigela ou recipiente próprio para micro-ondas. Leve ao micro-ondas em potência alta por períodos de trinta segundos, mexendo de vez em quando com um *hashi* ou palito de artesanato à medida que os óleos começarem a derreter. Quando todos os óleos estiverem quase derretidos, tire o recipiente do micro-ondas e mexa para completar o derretimento e misturar os ingredientes.
2. Acrescente os óleos essenciais e o corante alimentar (se for usá-lo) e misture-os.
3. Adicione o açúcar aos poucos enquanto mexe. Se a mistura ficar dura, coloque-a no micro-ondas por um período de quinze a vinte segundos.
4. Coloque a mistura nos moldes de silicone e deixe esfriar. Meia hora no congelador deve bastar.
5. Embale as barras individualmente em papel-manteiga e guarde-as em um recipiente lacrado. Se você morar em uma região quente e achar que as barras estão amolecendo ou derretendo, guarde-as na geladeira.

6. Para usar uma barra de esfoliação, aqueça-a um pouco entre as mãos e, em seguida, friccione-a suavemente na pele para remover aos poucos as células mortas. Depois, enxágue com água morna. Você também pode levar uma barra para o chuveiro ou a banheira. (Use porções menores para isso, pois as barras derretem na água morna!)

Dica:

- O óleo essencial de rosa puro é muito caro. Em geral, os frascos de óleo essencial de rosa já vêm diluídos, e utilizá-los dessa maneira funciona muito bem. Você pode querer aumentar ou diminuir a quantidade de óleo de rosa de acordo com a sua sensibilidade. Para obter mais poder das rosas, ou para substituir parte da mistura de óleos essenciais, você pode esfarelar algumas pétalas de rosa secas na mistura.

Sal esfoliante com limão e alecrim

As barras de esfoliação são mais fáceis de manusear para esfoliar o corpo no banho; mas, para pés e mãos, você pode preferir um esfoliante granulado. Este é um esfoliante alegre, de aroma cítrico-herbal, que vai animar o seu espírito enquanto remove a pele morta. O limão é excelente para afastar a energia negativa e encorajar a alegria; enquanto o alecrim é bom para curar, proteger e melhorar o foco.

Você vai precisar de:

Suco de um limão médio;
Raspas de um limão médio;
1 xícara de sal;
1 1/2 colher de sopa de azeite;
1 ramo de alecrim fresco;
Um pote de vidro de 200 ml com tampa.

Como fazer:

1. Misture o sal com o suco de limão, e junte as raspas de limão.
2. Acrescente o azeite à mistura e mexa bem. (Adicione mais que a quantidade indicada, se desejar que seu esfoliante fique menos seco.)
3. Pique bem o ramo de alecrim e adicione-o à mistura. Se não quiser os caules, que são mais duros, retire e pique as folhas, descartando o restante.
4. Guarde a mistura em um potinho de vidro. Deixe repousar por cerca de um dia, mexa ou agite antes de usar. Mantenha o esfoliante na geladeira ou em outro local frio, por causa do alecrim fresco.
5. Para usá-lo, separe uma porção com uma colher e massageie o esfoliante na pele com delicadeza. Enxágue com água morna e seque.

Dica:

- Experimente usar sal marinho moído fino. Quanto mais grosso o sal, mais áspera será a esfoliação na sua pele.

Açúcar esfoliante de cookie de baunilha

Este esfoliante tem um cheirinho aconchegante e acolhedor. Se você é fã de *cookies* recém-saídos do forno, é bem provável que este se torne o seu esfoliante preferido! O óleo de coco tem uma fragrância sutil e a sensação na pele é maravilhosa. Esta receita é tão boa que tem cheiro de sobremesa. (Tecnicamente ela não é, embora todos os ingredientes do esfoliante sejam seguros para consumo. Não vou contar a ninguém se você lamber os dedos.)

Você vai precisar de:

1/4 de xícara de óleo de coco;
1/4 de xícara de açúcar mascavo;
1/4 de colher de chá de extrato de baunilha;
Um frasco de vidro ou recipiente plástico de 120 ml com tampa.

Como fazer:

1. Misture todos os ingredientes em um frasco pequeno.
2. Para usá-lo, massageie-o na pele e depois enxágue com água morna. Enxugue-se delicadamente.

Dica:

- O cheiro não ficaria incrível com uma pitada de canela em pó? Aí ele seria um esfoliante de *cookie* de canela. Ou então adicione uma pitada de gengibre, noz-moscada, canela e pimenta-da-Jamaica: você terá um esfoliante com fragrância de pão de mel!

Esferas efervescentes: receita básica

Estas deliciosas esferas efervescentes são excelentes ferramentas mágicas. Visualize as bolhas te enchendo com a energia que você colocou na esfera, ou imagine a efervescência eliminando toda a negatividade. O rendimento da receita depende do tamanho dos seus moldes; mas, se cada esfera efervescente corresponder a cerca de um quarto de xícara, ela deve render cerca de dezoito esferas. Se o molde for um pouco maior ou menor, o rendimento será diferente. O ácido cítrico pode ser encontrado em lojas de produtos naturais e em vinícolas, ou comprados on-line.

Aqui está a receita básica e as suas instruções. Em seguida, você vai encontrar diversas variações mágicas para experimentar. Use-as como inspiração e crie a sua!

Você vai precisar de:

1 1/2 xícara de bicarbonato de sódio;
1/4 de xícara de sais de Epsom (sulfato de magnésio);
3/4 de xícara de amido de milho;
3/4 xícara de ácido cítrico;
1 a 2 colheres de chá de água;
Uma tigela pequena de vidro ou plástico;
Corante alimentar;
Luvas de plástico;

Óleo(s) essencial(is) à sua escolha (ou veja as receitas seguintes);
Moldes de silicone ou plástico (veja a dica).

Como fazer:

1. Em uma tigela de vidro ou plástico, misture o bicarbonato de sódio, os sais de Epsom e o amido de milho.
2. Adicione à água algumas gotas de corante alimentar na cor que você associa ao seu objetivo mágico (veja as receitas a seguir). Acrescente a água colorida à mistura seca, apenas algumas gotas de cada vez, e mexa bem com as mãos enluvadas. Não adicione muita água de uma só vez, pois seu objetivo é evitar ativar a efervescência do bicarbonato de sódio. Quando perceber que a mistura já pode ser moldada apertando um pouco, adicione entre seis e oito gotas de óleo essencial e mexa bem. Misture o ácido cítrico.
3. Use uma colher para acomodar a mistura em cada molde. Não se preocupe muito com a aparência; apenas pressione-a com firmeza. Deixe descansar por um período de duas a três horas e, em seguida, remova as esferas dos moldes, com cuidado, e deixe-as secar por mais um dia. Armazene-as em um recipiente hermético.
4. Repita a operação até que toda a mistura básica tenha sido moldada.

Dica:

- Moldes para sabonetes ou chocolates funcionam bem. As formas de silicone para *muffins* também são ótimas, pois você pode usá-las para fazer as barras de esfoliação que também aparecem nesse capítulo. Reserve os moldes usados em produtos de cuidados com o corpo exclusivamente para esse uso.

Esferas efervescentes com magia da lua

Esta esfera efervescente é carregada de energia lunar para te ajudar a se abrir para a intuição, a serenidade e a aceitação da jornada e da transição. A receita rende cerca de quatro esferas efervescentes de mais ou menos um quarto de xícara cada; se os moldes forem de um tamanho que exija mais ou menos mistura, ajuste o número de pedras.

Você vai precisar de:

8 colheres de sopa de bicarbonato de sódio;
1 1/2 colher de sopa de sais de Epsom (sulfato de magnésio);
3 colheres de sopa de amido de milho;
1/4 a 1/2 colher de chá de água;
1/2 colher de chá de raspas de limão feitas na hora;
1/2 colher de chá de pétalas de rosa desidratadas e esfareladas;
4 gotas de óleo essencial de jasmim;
4 gotas de óleo essencial de limão;
Quatro pedras da lua pequenas;
Corante alimentar azul ou roxo (ou azul e vermelho);
Moldes de silicone ou plástico.

Como fazer:

1. Centre-se e aterre-se.
2. Siga as instruções gerais para "Esferas efervescentes: receita básica". Adicione as raspas de limão e as pétalas enquanto mistura os ingredientes, dizendo: *"Limão, traga-me alegria; rosa, traga-me amor-próprio"*.
3. Acrescente algumas gotas do corante azul à água para tingir a mistura, gerando um azul bem claro. Se você preferir um lilás clarinho, mas não tiver corante roxo, use uma parte de azul e outra de vermelho.
4. Adicione os óleos essenciais e diga: *"Jasmim, empreste-me sua serenidade; limão, traga-me purificação"*.

5. Acomode um oitavo de xícara da mistura em um molde, insira a pedra da lua no centro e, em seguida, coloque o outro um oitavo de xícara em cima. Pressione com firmeza. Repita a operação com os próximos três moldes.

Esferas efervescentes com magia do tigre

Esta esfera efervescente é projetada para te dar coragem e força, ajudando a aumentar a sua confiança. A receita rende cerca de quatro esferas efervescentes de mais ou menos um quarto de xícara cada; ajuste o número de pedras se os moldes forem de um tamanho que exija uma quantidade maior ou menor da mistura.
Você vai precisar de:

8 colheres de sopa de bicarbonato de sódio;
1 1/2 colher de sopa de sais de Epsom (sulfato de magnésio);
3 colheres de sopa de amido de milho;
1/4 a 1/2 colher de chá de água;
1 pitada de gengibre moído;
1 pitada de noz-moscada moída;
4 gotas de óleo essencial de bergamota;
4 gotas de óleo essencial de sândalo;
Quatro pedras olho de tigre pequenas;
Corante alimentar amarelo ou laranja (ou amarelo e vermelho);
Moldes de silicone ou plástico.

Como fazer:

1. Centre-se e aterre-se.
2. Siga as instruções gerais para "Esferas efervescentes: receita básica". Adicione as especiarias enquanto mistura os ingredientes secos, dizendo: *"Gengibre, traga-me poder; noz-moscada, traga-me coragem"*.

3. Adicione algumas gotas do corante alimentar à água para tingir a mistura de amarelo ou laranja. Se você não tiver laranja, use uma parte de amarelo e outra de vermelho.
4. Acrescente os óleos essenciais e diga: *"Bergamota, empreste-me sua positividade; sândalo, traga-me aterramento e confiança".*
5. Acomode um oitavo de xícara da mistura em um molde, insira uma pedra olho de tigre no centro e, em seguida, adicione o outro um oitavo de xícara em cima. Pressione com firmeza. Repita a operação com os próximos três moldes.

Esferas efervescentes abençoadas

Se você acha que precisa de um banho para te purificar e elevar, não procure mais. Esta esfera efervescente mágica vai funcionar. A receita rende cerca de quatro esferas efervescentes de mais ou menos um quarto de xícara cada; ajuste o número de pedras se os moldes forem de um tamanho que exija uma quantidade maior ou menor da mistura.

Você vai precisar de:

8 colheres de sopa de bicarbonato de sódio;
1 1/2 colher de sopa de sais de Epsom (sulfato de magnésio);
3 colheres de sopa de amido de milho;
1/4 a 1/2 colher de chá de água;
1/2 colher de chá de pétalas de rosa desidratadas e esfareladas;
1/4 de colher de chá de *glitter* prateado biodegradável de grau cosmético (opcional);
4 gotas de óleo essencial de jasmim;
4 gotas de óleo essencial de sândalo;
Quatro pedras pequenas de quartzo transparente;
Moldes de silicone ou plástico.

Como fazer:

1. Centre-se e aterre-se.
2. Siga as instruções gerais para "Esferas efervescentes: receita básica". Adicione as pétalas enquanto mistura os ingredientes secos, dizendo: *"Rosa, traga-me purificação"*.
3. Misture o *glitter* na mistura seca, se for usá-lo.
4. Adicione os óleos essenciais e diga: *"Jasmim, eleve-me; sândalo, abençoe-me"*.
5. Acomode um oitavo de xícara da mistura em um molde, insira uma pedra de quartzo transparente no centro e, em seguida, coloque o outro um oitavo de xícara em cima. Pressione com firmeza. Repita a operação com os próximos três moldes.

Dica:

- É divertido adicionar o *glitter* cosmético a essa esfera efervescente. Lembre-se: menos é mais (não utilize mais do que um quarto de colher de chá por lote de receita) e limpe a banheira depois de usá-lo, se você tiver animais de estimação! Procure *glitter* biodegradável.

Esfera efervescente bons sonhos

Expulse a negatividade e acalme o estresse antes de dormir usando esta esfera efervescente cheia de lavanda e erva-cidreira.

Você vai precisar de:

8 colheres de sopa de bicarbonato de sódio;
1 1/2 colher de sopa de sais de Epsom (sulfato de magnésio);
3 colheres de sopa de amido de milho;
1/4 a 1/2 colher de chá de água;
1 colher de chá de lavanda desidratada triturada;
1 colher de chá de erva-cidreira desidratada;
4 gotas de óleo essencial de lavanda;
4 gotas de óleo essencial de ilangue-ilangue;
Corante alimentar azul ou lilás (ou azul e vermelho);
Moldes de silicone ou plástico.

Como fazer:

1. Centre-se e aterre-se.
2. Siga as instruções gerais para "Esferas efervescentes: receita básica". Adicione as ervas enquanto mistura os ingredientes secos, dizendo: *"Lavanda, traga-me paz; erva-cidreira, traga-me sono"*.
3. Adicione algumas gotas do corante alimentar à água para tingir a mistura de lilás ou azul-claro.
4. Ao acrescentar os óleos essenciais, diga: *"Lavanda, empreste-me seu relaxamento; ilangue-ilangue, traga-me calma"*.
5. Coloque a mistura nos moldes com firmeza. Deixe descansar por um período de duas a três horas e, em seguida, retire com cuidado as esferas das formas e deixe-as secar por mais um dia. Armazene-as em um recipiente hermético.

Óleo de banho

O óleo de banho é um acréscimo simples e sofisticado ao seu banho e é muito fácil de fazer. Aqui está a receita básica para você adaptar como quiser, seguida de receitas mágicas específicas. Bons óleos carreadores para usar neste projeto são o óleo de jojoba, de semente de uva ou de amêndoas doces, e a maioria deles pode ser encontrada em mercearias ou lojas de produtos naturais.

Você vai precisar de:

1 xícara de óleo carreador da sua preferência;
8 a 10 gotas de óleo essencial (você pode escolher, ou se inspirar nas receitas a seguir);
Um frasco com tampa;
Uma etiqueta e uma caneta ou marcador

Como fazer:

1. Despeje o óleo carreador no frasco. Adicione os óleos essenciais. Tampe e agite o recipiente para misturar os óleos. Etiquete o frasco indicando o conteúdo e a data em que o óleo foi misturado. Deixe o óleo descansar por pelo menos uma semana, se possível, para que o óleo carreador absorva bem as características dos óleos essenciais antes do uso.
2. Para usar, adicione de duas a quatro colheres de sopa na água da banheira e mexa bem para ajudar a dispersar o óleo. Tenha cuidado, pois ele pode deixar a banheira escorregadia.

Óleo de banho relaxante

Esta é uma mistura encantadora e multifuncional para relaxar no banho. Pode ser utilizada antes de dormir ou quando você precisar relaxar depois de um dia tenso no trabalho. Use uma pedra pequena o suficiente para caber no frasco que pretende usar.

Você vai precisar de:

1 xícara de óleo carreador;
1 frasco com tampa;
5 gotas de óleo essencial de lavanda;
3 gotas de óleo essencial de olíbano;
2 gotas de óleo essencial de sândalo;
1 vela branca e 1 castiçal;
Uma pedra de quartzo rosa;
Uma etiqueta e uma caneta ou marcador;
Fósforos ou isqueiro.

Como fazer:

1. Limpe a pedra de acordo com seu método preferido (para isso, consulte o Capítulo 1).
2. Despeje o óleo carreador no frasco. Adicione os óleos essenciais. Tampe a garrafa e agite o recipiente para misturar os óleos.
3. Depois de agitar o óleo, adicione a pedra ao frasco. Posicione-o diante da vela. Acenda-a e diga: *"Abençoe este óleo, para que eu possa liberar a tensão e o estresse ao usá-lo"*.
4. Deixe a vela queimar até o fim. Coloque uma etiqueta no frasco.
5. Deixe o óleo descansar por pelo menos uma semana, se possível, para que o óleo carreador absorva bem as características dos óleos essenciais antes do uso.
6. Para usar, adicione de duas a quatro colheres de sopa ao banho e mexa bem a água para ajudar a dispersar o óleo.

Óleo de banho alegre

Este óleo de banho é ideal para melhorar o ânimo e renovar o otimismo!

Você vai precisar de:

1 xícara de óleo carreador;
1 frasco com tampa;
5 gotas de óleo essencial de limão;
3 gotas de óleo essencial de olíbano;
2 gotas de óleo essencial de laranja doce;
Uma pedra de citrino;
Uma vela amarela e um castiçal;
Fósforos ou isqueiro.

Como fazer:

1. Limpe a pedra de acordo com seu método preferido (para isso, consulte o Capítulo 1).
2. Despeje o óleo carreador na garrafa e adicione os óleos essenciais. Tampe a garrafa e agite o recipiente para misturar os óleos.
3. Depois, adicione a pedra ao frasco. Posicione-o diante da vela. Acenda-a e diga: *"Abençoe este óleo, para que ele traga alegria e felicidade sempre que eu o utilizar"*.
4. Deixe a vela queimar até o fim e coloque uma etiqueta no frasco.
5. Deixe o óleo descansar por pelo menos uma semana, se possível, para que o óleo carreador absorva bem as características dos óleos essenciais antes do uso.
6. Para usar, adicione de duas a quatro colheres de sopa ao banho e mexa bem a água para ajudar a dispersar o óleo.

Sais de banho

Os sais de Epsom são usados para aliviar os músculos doloridos e podem ajudar a reduzir a inflamação. Esta receita pode parecer que rende muito, mas se você usar duas xícaras por banho, ela acaba rapidinho! Fique mergulhada por pelo menos quinze minutos para obter os benefícios do sal. Esta receita rende cerca de cinco xícaras; e você pode dividi-la para adicionar cores e aromas diferentes em frascos diferentes, se preferir.

Você vai precisar de:

3 xícaras de sal marinho grosso;
1 1/2 xícara de sais de Epsom (sulfato de magnésio);
1/2 xícara de bicarbonato de sódio;
12 a 16 gotas de óleos essenciais;
Uma tigela média;
Recipientes ou potes com tampa.

Como fazer:

1. Misture os ingredientes secos na tigela.
2. Adicione algumas gotas por vez dos óleos essenciais e misture bem.
3. Armazene os sais de banho em recipientes herméticos para evitar a entrada de umidade.
4. Para usar os sais de banho, despeje de uma a duas xícaras na banheira enquanto a água estiver correndo.

Sais de banho "serenidade agora"

Os sais são ótimos para relaxar os músculos sobrecarregados. As ervas e os óleos nestes sais de banho, por sua vez, são ótimos para quando a mente e o espírito estiverem sob pressão. Quem não precisa de serenidade após uma longa semana? Esta receita rende cerca de duas xícaras e meia.

Você vai precisar de:

1 1/2 xícara de sal marinho grosso;
3/4 de xícara de sais de Epsom (sulfato de magnésio);
1/4 de xícara de bicarbonato de sódio;
2 colheres de sopa de flores de lavanda desidratadas;
2 colheres de sopa de pétalas de rosa desidratadas e esfareladas;
8 gotas de óleo essencial de lavanda;
6 gotas de óleo essencial de jasmim;
Uma pedra de ametista;
Uma tigela média;
Um pote de vidro com tampa.

Como fazer:

1. Limpe a ametista de acordo com seu método preferido (para isso, veja o Capítulo 1).
2. Misture os sais e o bicarbonato de sódio em uma tigela média. Adicione as flores desidratadas e mexa bem.
3. Acrescente algumas gotas dos óleos essenciais de cada vez e misture bem.
4. Coloque a ametista no fundo do frasco. Despeje os sais de banho por cima e tampe o frasco.
5. Centre-se e aterre-se. Segure o frasco e atraia a energia da terra até o seu núcleo, conduzindo-a em seguida pelos seus braços até o frasco. Visualize-o brilhando com a energia. Quando sentir

que o frasco está carregado o suficiente, pare. Deixe-o de lado e permita que a energia que você atraiu volte para a terra. Agite as mãos para livrá-las de qualquer excesso de energia.

6. Para usar os sais de banho, despeje de uma a duas xícaras na banheira enquanto a água estiver correndo.

Pó para banho de leite

O leite tem ácido lático, que funciona para suavizar a pele, incentivando as células mortas a se desprenderem. O amido de milho ajuda a acalmar e aliviar a pele seca e sensível. No aspecto mágico, o leite é associado à nutrição, à longevidade e à energia de cura. A energia do sal é purificadora e protetora. A farinha de aveia opcional deixa o banho ainda mais sedoso e calmante para a pele. Esta receita rende três banhos.

Você vai precisar de:

1 1/2 xícara de leite em pó integral;
1/2 xícara de sais de Epsom (sulfato de magnésio);
1/2 xícara de amido de milho;
1/2 xícara de bicarbonato de sódio;
1/2 xícara de farinha de aveia (opcional);
10 gotas do(s) óleo(s) essencial(is) da sua preferência;
Uma tigela média;
Um pote de vidro com tampa com capacidade para 4 xícaras;
Uma etiqueta e uma caneta ou marcador.

Como fazer:

1. Misture os ingredientes secos na tigela. Adicione o(s) óleo(s) essencial(is) e mexa bem.
2. Armazene o conteúdo em um frasco de vidro com tampa e coloque uma etiqueta identificando a mistura e a data do preparo.
3. Para utilizá-la, despeje uma xícara da mistura no banho. Movimente a mão pela água para ajudar a dispersar e dissolver o produto.

Dica:

- Se você for intolerante à lactose, pode usar leite de cabra em pó. Caso seja vegana, use leite de soja, leite de coco ou leite de arroz — eles não têm os mesmos efeitos físicos que o ácido lático, mas também serão excelentes, e todos carregam as associações mágicas de proteção e saúde. Se você não encontrar seu leite em pó preferido, misture os óleos com o leite líquido, adicione o restante dos ingredientes e mexa para homogeneizar. Nesse caso, guarde o pote na geladeira e, antes de usar a mistura no banho, agite-a de novo.

Banho de leite com hortelã e lavanda

A lavanda é calmante e boa para uma purificação suave. A hortelã é outra erva purificadora, e também promove a boa saúde e o sucesso.

Você vai precisar de:

1 1/2 xícara de leite em pó integral;
1/2 xícara de sais de Epsom (sulfato de magnésio);
1/2 xícara de amido de milho;
1/2 xícara de bicarbonato de sódio;
1/2 xícara de farinha de aveia (opcional);
10 gotas do(s) óleo(s) essencial(is) de sua preferência;
1 colher de sopa de flores de lavanda desidratadas e esfareladas;
1 colher de sopa de hortelã desidratada e esfarelada;
Uma tigela média;
Um frasco de vidro com tampa com capacidade para 3 1/2 xícaras;
Uma etiqueta e uma caneta ou marcador.

Como fazer:

1. Misture os ingredientes secos na tigela. Adicione o(s) óleo(s) essencial(is) e mexa bem.
2. Misture a lavanda e a hortelã. Imponha as mãos sobre o frasco e diga: *"Poderes da lavanda e da hortelã, abençoem este banho com saúde, paz e purificação. Que assim seja"*.
3. Armazene a mistura em um frasco de vidro com tampa e coloque uma etiqueta identificando-a e informando a data do preparo.
4. Para utilizá-la, despeje uma xícara da mistura no banho. Movimente a mão pela água para ajudar a dispersar e dissolver o produto.

Banho de leite com mel

O mel é associado à imortalidade, cura, felicidade, beleza e abundância, além de ser calmante e nutritivo para a pele. As amêndoas também são relacionadas à abundância, bem como à sabedoria e cura. A camomila está ligada a uma energia curativa e pacífica, e a lavanda é usada para paz e purificação. Para se mimar um pouco mais, massageie o mel no rosto, como uma máscara, enquanto aproveita este banho. Enxágue com água morna, fazendo movimentos circulares suaves depois do banho.

Você vai precisar de:

1 1/2 xícara de leite em pó integral;
1/2 xícara de sais de Epsom (sulfato de magnésio);
1/2 xícara de amido de milho;
1/2 xícara de bicarbonato de sódio;
1/2 xícara de farinha de aveia (opcional);
10 gotas do(s) óleo(s) essencial(is) da sua preferência;
2 colheres de chá de óleo de amêndoas doces;
1 colher de chá de pó ou cristais de mel;
1 colher de chá de pétalas de rosa desidratadas e moídas até formar um pó;
1 colher de chá de flores de lavanda desidratadas e reduzidas a pó;

Uma tigela média;
Um pote de vidro com tampa que tenha capacidade para 4 xícaras;
Uma etiqueta e uma caneta ou marcador.

Como fazer:

1. Misture os ingredientes secos na tigela. Adicione o(s) óleo(s) essencial(is) e mexa bem.
2. Acrescente e misture o óleo de amêndoas, o pó de mel, as pétalas de rosa e as flores de lavanda.
3. Centre-se e aterre-se. Segure o pote ou imponha as mãos sobre a tigela e diga: *"Eu invoco a energia do mel, da amêndoa, da rosa e da lavanda para me trazer paz e cura. Que assim seja"*.
4. Armazene a mistura em um frasco de vidro com tampa e coloque uma etiqueta identificando-a e indicando a data do preparo.
5. Para utilizá-la, despeje uma xícara do pó no banho. Movimente a mão pela água para ajudar a dispersar e dissolver a mistura.

Cuidados com a pele

Parte do autocuidado básico é garantir que você atenda às necessidades de alimentação, higiene, sono e assim por diante. Às vezes, você engana seu corpo, porque pode se sentir desconfortável dentro dele. Um jeito de se sentir mais confiante dentro do próprio corpo é prestando mais atenção a ele, honrando-o e respeitando-o. Preparar esta deliciosa manteiga corporal para hidratar a pele é um jeito de demonstrar um pouco de amor por si mesma.

Manteiga corporal

Beber água suficiente para hidratar o corpo por dentro é um objetivo que você sempre deve ter. Contudo, esta manteiga corporal sedosa e sofisticada é um jeito delicioso de ter uma pele bem nutrida também por fora. Deixe a mistura derretida esfriar; é isso que permite transformá-la em uma manteiga encantadora, leve e acetinada. A receita rende cerca de uma xícara.

Você vai precisar de:

1/4 de xícara de manteiga de karité;
1/4 de xícara de manteiga de cacau;
1/4 de xícara de óleo de coco (sólido);
1/4 de xícara de óleo de amêndoas doces;
10 gotas do(s) óleo(s) essencial(is) de sua preferência;
Uma tigela de vidro;
Uma panela média com 1/3 de água;
Um *mixer;*
Um pote de vidro de 200 ml com tampa;
Hashi ou palito de artesanato.

Como fazer:

1. Coloque as manteigas e o óleo de coco juntos na tigela de vidro.
2. Leve a panela ao fogo médio-baixo e coloque a tigela no banho-maria até que a água esteja fervendo. Mexa as manteigas e os óleos de vez em quando com o palito de madeira até eles derreterem. Tire a mistura do fogo.
3. Acrescente o óleo de amêndoas doces.
4. Leve a tigela à geladeira por cerca de uma hora e verifique se a mistura ficou opaca. Ela deve ter a textura de cera macia se formando. Se a mistura endurecer demais, basta deixá-la na bancada por um tempo para ela amolecer um pouco.
5. Tire a tigela da geladeira e adicione os óleos essenciais, caso deseje utilizá-los. Use o *mixer* para bater a mistura resfriada e continue até que ela fique leve e fofa, clareada, e pareça firme nas pás da batedeira.
6. Armazene a manteiga batida em um pote de vidro, tampe e escreva o nome e a data em algum lugar.
7. Para usar a manteiga, pegue um pouquinho no dedo e esfregue na pele. Basta uma pequena quantidade. No início, a sensação pode parecer gordurosa, mas o produto logo será absorvido.
8. Se a manteiga endurecer, derreta-a de novo com um pouco mais de óleo de amêndoas doces e repita o processo de resfriar e bater.

Dica:

- Você pode usar outras manteigas ou óleos. Apenas lembre-se de substituir sólidos por sólidos e líquidos por líquidos! Além disso, a manteiga de karité pode ter um cheiro muito forte, se não for refinada. Caso seja intenso demais para você, existem algumas opções viáveis: procure a manteiga de karité refinada; diminua a manteiga de karité para um oitavo de xícara e aumente a manteiga de cacau em um oitavo de xícara a mais do que a quantidade original indicada; ou use outro tipo de manteiga, como a de manga ou de kokum, no lugar da manteiga de karité. Você também pode substituir o óleo de amêndoas doces por outros óleos leves, como o de jojoba, cânhamo, girassol ou semente de uva.

Manteiga corporal mágica: serenidade

Esta manteiga corporal mágica usa as energias calmantes do jasmim, da rosa e do ilangue-ilangue para criar uma mistura que atrai equilíbrio e paz. A vela azul-clara, a ametista, o jade e a pedra da lua, usadas para abençoá-la, também trabalham para salientar a paz e acalmar o estresse.

Você vai precisar de:

1 receita de manteiga corporal (veja a receita nesse capítulo);
4 gotas de óleo essencial de jasmim;
4 gotas de óleo essencial de rosa;
2 gotas de óleo essencial de lavanda;
Uma vela azul-clara e um castiçal;
Uma pedra de ametista;
Uma pedra de jade;
Uma pedra da lua;
Fósforos ou isqueiro.

Como fazer:

1. Prepare a manteiga corporal conforme a receita anterior, adicionando os óleos de jasmim, rosa e lavanda onde os óleos essenciais são indicados na receita.
2. Quando a manteiga corporal mágica estiver pronta e armazenada no recipiente, leve-a para o espaço onde você realiza suas atividades mágicas. Coloque a vela no centro do local, o recipiente com a manteiga diante dela e organize as três pedras em um semicírculo na frente do recipiente.

3. Acenda a vela azul-clara e diga:

   Espíritos de serenidade,
   Eu os convido para cá.
   Emprestem a esta manteiga a sua paz, a sua calma.
   Que eu seja abençoada por vocês toda vez que usá-la.

4. Toque na ametista e diga: *"Ametista, eu invoco a sua calma. Empreste-a a esta manteiga".*
5. Toque na jade e repita: *"Jade, eu invoco a sua tranquilidade. Empreste-a a esta manteiga".*
6. Toque na pedra da lua e afirme: *"Pedra da lua, eu invoco a sua paz. Empreste-a a esta manteiga".*
7. Com os olhos fechados, sente-se no local onde você pratica magia. Respire fundo e sinta a calma ao redor. Quando achar que é o momento certo, pode apagar a vela e sair, ou deixá-la queimar até o fim para continuar a energizar a manteiga.

Sono restaurador

Uma das chaves para reduzir o estresse e cuidar bem do corpo é dormir o suficiente. Mas é mais fácil falar do que fazer! A sua mente pode te manter acordada por muito tempo depois que as luzes se apagam, sabotando o sono reparador ou impedindo que você alcance um sono profundo o suficiente para que seja restaurador.

Maximizar os benefícios do sono pode reduzir a pressão arterial, regular o apetite e melhorar a concentração e a produtividade. Uma rotina confiável antes de dormir pode ajudar sua mente a se acalmar o bastante para que você adormeça com facilidade. Aqui está uma lista de dicas simples associadas ao sono:

- Faça uma refeição leve antes de dormir;
- Lave o rosto e lembre-se de hidratá-lo;
- Reserve um momento para refletir sobre o seu dia, escrevendo no diário de autocuidado, se desejar (veja o "Ritual de fim do dia", no Capítulo 4);
- Afaste-se do telefone e do *tablet* pelo menos meia hora antes de apagar as luzes. Se quiser ler, escolha um livro de papel. Ele envolve o cérebro de um jeito diferente;
- Deixe seu quarto calmo e troque os lençóis com frequência. Aspire o quarto e arrume as superfícies planas para criar uma atmosfera sem caos (para mais informações sobre como cuidar da sua casa, veja o Capítulo 5).

Veja também o exercício "Prece para a hora de dormir", no Capítulo 4, para mais uma ideia de como proceder na hora de dormir.

Cochilos e alternativas

Assim como acontece com muitas outras dicas de autocuidado, recomendar cochilos costuma pressupor que você tenha tempo e espaço para isso. Existe muita discussão sobre como um cochilo pode te tornar mais produtiva e como uma breve soneca pode reanimá-la e ajudar na clareza mental.

Bem, isso nem sempre funciona. Se você tem ansiedade ou problemas para dormir, tentar tirar um cochilo pode ser excruciante. Felizmente, existem alternativas para isso. Pesquisas recentes mostraram que se deitar por apenas vinte minutos pode ter benefícios semelhantes aos de um cochilo, e isso é uma excelente notícia para quem tem dificuldade para dormir.

Também há momentos em que um cochilo acaba sendo prejudicial. Se você estiver seguindo uma rotina de sono rigorosa, os cochilos são ruins, porque podem perturbar o ritmo do seu corpo a ponto de sua noite sair do controle, e é provável que você leve dias para se recuperar. Então o que fazer em vez de cochilar?

- Meditação. Tente fazer um dos exercícios de meditação respiratória ou uma meditação de atenção plena do Capítulo 4.
- Exercícios leves. Sim, pode ser uma chatice sair do lugar e se mexer, mas uma breve caminhada ao ar livre pode clarear a sua mente e melhorar o seu humor. Parte disso é a mudança de ambiente e o ar fresco, mas outra parte é fazer o sangue fluir pelos músculos e respirar mais fundo do que você faria se estivesse sentada em casa.

Um jeito de melhorar o autocuidado físico é aumentar a qualidade do seu sono. Bálsamos e *sprays* para o quarto, ou água de lençóis, são um jeito de usar o poder dos óleos essenciais para te ajudar a relaxar e criar uma atmosfera para otimizar o seu sono.

Bálsamo para dormir

O bálsamo para dormir pode ser friccionado na parte interna dos pulsos, nas têmporas, na parte interna dos cotovelos e em qualquer outro lugar que você desejar (ele é muito bom para pés ásperos!). Os óleos contidos nele auxiliam no relaxamento e ajudam a acalmar uma mente agitada, permitindo que adormeça com mais facilidade.

Você vai precisar de:

2 colheres de sopa de azeite;
1 colher de sopa de óleo de coco (sólido);
1 colher de sopa de cera de abelha (ralada ou granulada);
10 gotas de óleo essencial de lavanda;
10 gotas de óleo essencial de camomila;
5 gotas de óleo essencial de bergamota;
3 gotas de óleo essencial de laranja doce;
2 gotas de óleo essencial de ilangue-ilangue;
Uma panela pequena, com água até a metade;
Um pote de vidro transparente com capacidade para cerca de 170 g;
Um frasco ou recipiente de armazenamento para cerca de 50 g (ou 2 recipientes de 25 g) — recomendo que seja de vidro;
Hashi ou palito de artesanato.

Como fazer:

1. Leve a panela ao fogo médio-baixo até a água ferver.
2. Coloque o azeite, o óleo de coco e a cera de abelha no pote de vidro. Leve-o ao banho-maria para derreter o conteúdo. Use o *hashi* ou palito de artesanato para mexer, ou segure com cuidado a borda da tigela e agite o conteúdo para ajudá-los a derreter e se misturar.
3. Quando a cera de abelha estiver derretida e misturada aos óleos, desligue o fogo e remova o pote da panela.
4. Adicione os óleos essenciais e mexa para misturá-los ao conteúdo.
5. Abra o(s) recipiente(s) de armazenamento. Despeje o bálsamo líquido neles, com cuidado, usando uma toalha de papel para limpar a borda do recipiente, se necessário.

6. Deixe os recipientes esfriarem e o bálsamo solidificar. Quanto mais rasos forem seus recipientes, mais rápido isso vai acontecer.
7. Cubra os recipientes e armazene-os em local fresco e seco. Este bálsamo para dormir dura cerca de seis meses.

Spray do sono

Esta mistura de óleos é ideal para ser borrifada sobre a sua cama. Faça isso cerca de dez minutos antes de se deitar, para que os lençóis não estejam úmidos quando isso acontecer.

Você vai precisar de:

1 xícara de água destilada;
30 gotas de óleo essencial de lavanda;
10 gotas de óleo essencial de camomila;
8 gotas de óleo essencial de ilangue-ilangue;
Um frasco borrifador.

Como fazer:

1. Encha quase todo o frasco borrifador com a água destilada.
2. Adicione os óleos essenciais e tampe o frasco. Agite-o para misturar o conteúdo.
3. Para usá-lo, tire a colcha da cama e agite o frasco para misturar de novo a solução. Borrife os lençóis com o *spray* do sono, mas não exagere; deixe a névoa assentar no tecido. Espere alguns minutos para os lençóis secarem um pouco — você pode fazer sua rotina de dormir — e depois se deite. Aprecie o aroma calmante dos óleos.

4

AUTOCUIDADO ESPIRITUAL

Capítulo 4

O autocuidado espiritual é o processo de nutrir a nossa busca pelo significado da vida, em geral, interagindo com alguma forma de poder ou energia maior do que a nossa. Embora muitos reconheçam que a espiritualidade é um aspecto da vida, não são tantas as pessoas que entendem que a vida espiritual e o relacionamento com o Divino — ou com o que quer que eles considerem sagrado — precisa de cuidados, da mesma forma que os relacionamentos entre as pessoas. Este capítulo explora métodos para você se engajar no autocuidado espiritual, explorando a criatividade, a celebração do Divino e sua conexão com os elementos ao seu redor.

Autocuidado espiritual

Sua vida espiritual também é uma fonte de bem-estar. Entrar em contato com o Divino e comungar com o universo pode ser algo muito reconfortante. Tudo isso pode te acalmar, energizar, inspirar e elevar, dependendo do que você precisa, ou do que o universo acha que precisa.

Se você participa de uma religião organizada, é provável que receba o tipo de apoio espiritual que vem com naturalidade de um grupo de pessoas que se reúnem com frequência e seguem um conjunto prescrito de rituais, de acordo com um calendário específico. Se, no entanto, você segue um caminho espiritual pessoal, no qual a espiritualidade evolui com base em experiências individuais com o Divino, sua responsabilidade sobre o rumo que ela toma é muito maior. Esse tipo de caminho espiritual depende de uma reflexão frequente e de ouvir a intuição para que ele se mantenha funcionando de maneira satisfatória.

A espiritualidade deve ser alegre e uma forma de celebração. Se você sente que algo está faltando ou não se encaixa, ou que está infeliz na prática espiritual, é porque está fazendo algo errado, e com certeza precisa reavaliar sua prática para torná-la o mais recompensadora possível.

Deuses

Se você segue um caminho espiritual alternativo baseado na natureza, há grandes chances de que considere essa jornada como parte do conjunto de práticas pagãs (ou neopagãs). Embora você não precise ser pagã para praticar magia, um grande número de adeptos se identifica como pagão, e é disso que se trata esta seção.

Você se identifica como seguidora de uma religião monoteísta, ou de um caminho alternativo estabelecido com uma ou mais deidades claramente especificadas, ou talvez entidades poderosas como santos, bodhisattvas ou anjos? Vá em frente e convide-os para abençoar e/ou apoiar o seu trabalho.

Um relacionamento com algum aspecto do Divino, seja uma forma divina específica ou abstrata, pode ser muito gratificante. Dar um rosto ou um nome ao poder mágico e divino que anima o universo costuma ser terapêutico e facilitar bastante o seu relacionamento com o universo em geral.

A adoração é parte disso, mas não se trata de submissão; é uma alegre celebração da deidade. É celebrar o relacionamento rico e complexo que você pode desenvolver com uma deidade por meio da comunicação, da meditação e do alinhamento aos valores e às áreas de poder associadas à deidade.

Um relacionamento com uma deidade não é muito diferente dos relacionamentos com outros seres humanos ou criaturas sencientes. Ele exige tempo, atenção e consciência. E, da mesma forma que acontece nos relacionamentos mais familiares, às vezes somos arrebatados por uma conexão instantânea, mas em outras situações, leva um tempo para conhecer alguém de verdade.

É importante saber que um relacionamento com uma deidade pode não durar a vida toda. É possível que chegue um momento em que a sua conexão com uma deidade específica enfraqueça e você seja dispensada. Talvez seja a hora de trabalhar com uma nova deidade. O segredo é garantir que o relacionamento tenha uma conclusão adequada e não esteja apenas murchando por falta de esforço da sua parte.

Se você se sente chamada ou atraída de alguma forma por deidades, mas não está à vontade com elas, não tem o menor problema agradecer-lhes e dizer "não" de maneira educada e respeitosa. Tente fazer pesquisas sobre deidades associadas ou deidades semelhantes de outras culturas. É possível que descubra que uma deidade paralela funciona para você.

Conhecer as deidades é algo que pode ser feito por meio da meditação, da leitura sobre elas ou familiarizando-se com suas áreas de associação. Por exemplo, a deidade para a qual você se sente atraída é uma deidade da colheita? Experimente trabalhar em um jardim por um tempo! Ou talvez você prefira trabalhar em um projeto ou artesanato que as honre. Em geral, apenas converse com elas. Tente incluir na rotina uma breve prece, de manhã ou à noite, para reconhecer a presença delas na sua vida (algo simples como "Senhor da Luz, ajude-me a passar o dia com um sorriso" ou "Senhora da Lua, obrigada pelas bênçãos de hoje").

Além das fontes de energia natural utilizadas na magia (como cristais e pedras, flores e ervas, energias dos elementos etc.), uma fonte que as pessoas costumam explorar são as deidades ou alguma forma do Divino. Isso leva a magia popular para o reino da magia religiosa. Você não precisa praticar nem uma nem outra com exclusividade.

No entanto, trabalhar com a energia divina não é tão simples como acionar um botão. Isso depende do seu relacionamento pessoal com a deidade em questão. Seria uma grosseria invocar uma deidade para ajudar em um feitiço ou ritual, se nunca se deu ao trabalho de se apresentar ou cultivar um relacionamento entre vocês, não acha? Um relacionamento com uma deidade deve sempre ser baseado no respeito profundo.

Se você trabalha com formas divinas genéricas, como Deus e Deusa, ou Senhor e Senhora, pode ter um pouco mais de liberdade. As formas divinas genéricas muitas vezes são vistas como abrangentes, contendo várias expressões do aspecto masculino ou feminino do Divino. É educado declarar-se às formas divinas, e um relacionamento pessoal é incentivado. Se estiver pensando em trabalhar ou invocar uma deidade em especial, a etiqueta exige um mínimo de apresentação específica antes de invocá-las (lembre-se: o respeito é a base de um bom relacionamento). Pesquise sobre a deidade e descubra sua cultura ou origem, o que ela gosta ou não, e quais são suas áreas de associação, familiarizando-se com ela o máximo possível.

Para a magia de autocuidado, leia sobre divindades associadas à magia do lar*, cuidado com a saúde e proteção. Aqui estão alguns exemplos:

- Apolo (grego): cura, iluminação, razão;
- Brigit (celta): lareira, cura;
- Deméter (grega): abundância, ciclos, lar;
- Durga (hindu): proteção, força;
- Eir (nórdica): cura;
- Frigga (nórdica): lareira e lar, proteção;
- Iduna (nórdica): longevidade, boa saúde;
- Ísis (egípcia): cura, proteção;
- Kuan Yin (budista): compaixão, misericórdia, saúde;
- Minerva (romana): sabedoria, estratégia.

* Para mais informações sobre magia do lar, sugerimos a leitura de *A Casa da Bruxa Natural* (DarkSide® Books, 2022), que nos ensina a criar um refúgio espiritual dentro da nossa própria casa.

Animais

A energia dos animais também pode ser invocada para ajudar a fortalecer feitiços ou aprimorar rituais. Se houver um animal específico pelo qual você se sinta atraída ou conectada, ele pode atuar como um guardião espiritual. Algumas vezes, um animal específico é invocado de forma intencional em um feitiço, por causa de suas associações mágicas com o objetivo, e pedimos que ele empreste sua energia para nos ajudar, porque desejamos aprender com essa energia e com as lições que podem ser ensinadas pelo animal. Nesse caso, ele atua como um professor espiritual.

Assim como no caso das deidades, é importante saber que os relacionamentos com espíritos animais talvez não durem a vida toda. Pode chegar um momento em que sua conexão com um animal específico desaparece, e ele te libera (ou você o libera). Agradeça-lhe pelo tempo e pelas lições.

Animais associados à serenidade, harmonia, calma, saúde, proteção e outras áreas ligadas ao bem-estar incluem:

- Beija-flor: alegria, esperança;
- Cervo: família, gentileza, paz;
- Cisne: transições, paz, evolução espiritual;
- Coruja: sabedoria, *insight*, honestidade consigo mesma;
- Esquilo: criatividade na obtenção de recursos, cautela, equilíbrio;
- Garça: paciência, cura, equilíbrio;
- Libélula: harmonia, mudança;
- Lontra: alegria, brincadeira;
- Mariposa: transformação;
- Pomba: paz, calma;
- Raposa: evitar complicações, discrição, ficar em segundo plano;
- Urso: conservação de energia, acolhimento.

Ritual para invocação/homenagem aos animais

Às vezes, para apoiar seu autocuidado, você pode convidar o espírito de um animal específico para te ajudar. Se você se sentir atraída por um animal que não costuma ser associado a uma energia relacionada ao autocuidado, pesquise seu comportamento, habitat e ciclo de vida. Talvez você descubra algo ligado a um aspecto do autocuidado que está procurando.

Este ritual exige uma representação. Pode ser uma estatueta, um cartão postal, ou até uma foto impressa da internet. Para apoiar ainda mais o relacionamento energético que pretende criar, você pode reunir outros objetos que te façam lembrar do animal, ou que o representem de alguma forma. Considere criar um pequeno santuário em algum lugar.

Você vai precisar de:

Uma representação do animal que deseja invocar;
Um pires com água fresca.

Como fazer:

1. Centre-se e aterre-se.
2. Visualize o animal na sua frente. Diga:

   [Nome do animal], eu te invoco.
   Peço que me empreste sua energia
   Para que eu possa ter uma vida melhor,
   Cuidada, segura e apoiada.
   Como emblema deste pedido,
   Eu te ofereço esta água fresca,
   Simbolizando a vida, a transformação e a purificação.
   [Animal],
   Abençoe-me com seus dons.
   Que assim seja.

3. Segure a representação do animal e visualize-o na sua frente, unindo-se a ela. Posicione-a atrás da tigela de água.
4. No dia seguinte, despeje a água (ofereça como um presente a uma planta!) e mantenha a representação em algum lugar onde você a veja com frequência e possa se lembrar da energia do animal.

Oferendas

Se estiver trabalhando com deidades, animais ou outros espíritos, e invocando sua ajuda, o conceito de troca é importante. Não se trata de pagar pelo trabalho deles: uma oferenda é um símbolo da sua apreciação. Pode ser uma pedra, uma flor bonita ou um copinho de leite, mel ou álcool deixado ao ar livre ou no espaço onde você realiza suas atividades mágicas. Pode ser um biscoito. Também é comum acender uma vela ou um incenso em homenagem a quem te ajudou. Se você trabalha muito com um animal específico, talvez seja adequado doar dinheiro para uma organização de resgate ou uma reserva de vida selvagem que se concentre nesse animal ou em seu habitat.

O que fazer com o alimento e a bebida depois de uma oferenda? A teoria geral diz que a essência, ou energia da oferenda, é absorvida pela entidade, então você pode descartar os restos físicos no dia seguinte.

Comunidade espiritual

Talvez você não pertença a uma comunidade espiritual estabelecida que lhe ofereça apoio espiritual, independentemente do caminho escolhido. Isso não é incomum nos dias de hoje. O que você pode fazer é encontrar uma comunidade de indivíduos com ideias semelhantes, que apoiem o autocuidado saudável de outras maneiras e respeitem seu caminho espiritual (qualquer que seja ele), mesmo que não te acompanhem.

Experimente procurar por essas pessoas em *sites* — como www.meetup.com —, pesquisar grupos locais no Facebook, ou se juntar a coletivos que tenham algo em comum com alguns dos seus interesses.

Descubra suas crenças espirituais

Os rituais a seguir vão te ajudar a descobrir, definir, explorar e desenvolver suas crenças espirituais.

Mural de visualização espiritual

Assim como o mural de visualização do autocuidado, descrito no Capítulo 2, esta atividade te ajuda a planejar e ser inspirada de forma contínua por citações, imagens e outras fontes que possam permear seu autocuidado espiritual. Quando você cria um mural de visualização e o mantém em um espaço onde possa vê-lo com frequência, acaba fazendo pequenos exercícios de visualização ao longo do dia.

Este mural de visualização espiritual deve ter um foco mais específico do que o mural geral de autocuidado do Capítulo 2. Ao projetá-lo, o foco deve ser como você deseja que seu autocuidado espiritual se reflita. Ele deve te motivar e inspirar a trabalhar para alcançar a qualidade de vida espiritual que deseja ter.

Alguns conceitos que talvez deseje considerar ao projetar seu mural de visualização espiritual são:

- Natureza;
- Seu envolvimento com a terra;
- Animais de poder, espíritos animais;
- Representações do Divino;
- Representações de ideias e ideais que te inspirem a ser o melhor que você pode ser.

É possível usar um quadro de cortiça ou uma placa *foam board* comprada em uma loja de artesanato, ou reaproveitar uma moldura que já tenha, substituindo o conteúdo por uma cartolina em branco.

De novo, considere se deseja que este quadro seja permanente ou uma evolução contínua que reflita como suas necessidades de autocuidado espiritual mudam.

Você vai precisar de:

Uma base para o quadro;
Canetas ou marcadores;
Cartolina branca;
Fotos, lembranças e bugigangas que apoiem ou evoquem seus objetivos espirituais;
Cola, fita adesiva ou alfinetes (dependendo da base do seu quadro);
Fita adesiva decorada, adesivos e assim por diante (opcional).

Como fazer:

1. Reúna o material.
2. Se desejar, use o "Ritual para um sistema de registro no diário", descrito no Capítulo 1, para se preparar para a atividade, incluindo a vela e o incenso, se for o caso. Do contrário, crie um ambiente agradável para trabalhar: ajuste a iluminação, coloque uma música relaxante ou motivacional e assim por diante.
3. Projete seu quadro. Você deseja espaçar os objetos do quadro ou prefere que eles se sobreponham? Decida também se vai preenchê-lo em sua totalidade ou deixar espaço para incluir ideias novas que possam se tornar importantes na sua vida.
4. Escreva uma afirmação ou uma breve lista de objetivos de autocuidado espiritual na cartolina e posicione-a no quadro.
5. Organize as fotos e/ou os outros itens ao redor da afirmação ou lista, do jeito que preferir, sem fixá-los. Quando tiver decidido o *layout*, prenda seus itens no quadro com cola, fita adesiva ou alfinetes. Use a fita adesiva decorada, adesivos e afins para decorar ainda mais o mural de visualização.
6. Exiba o mural de visualização espiritual no local escolhido.

Dica:

- Revise o mural sempre que revisar sua espiritualidade (saiba mais sobre isso em breve, neste capítulo). Isso pode ajudar a refrescar sua memória ou a avaliar sua reação emocional atual às representações de quais eram seus valores ou focos quando o quadro foi criado.

Ritual para se conectar ao seu mundo

Estar aberta ao que o universo pode te dar não é a única coisa que importa. Talvez seja difícil acreditar, mas o que você pode devolver ao universo e ao mundo ao seu redor é tão significativo quanto receber. Declare este encantamento em um lugar onde se sinta conectada ao mundo à sua volta, seja uma floresta, um campo, uma rua movimentada... Faça isso onde você se sentir em harmonia com o universo.

Como fazer:

1. Centre-se e aterre-se.
2. Diga:

Espírito do universo,
Ajude-me a manter a minha conexão com a energia além de mim.
Ajude-me a permanecer aberta para o Divino no mundo ao meu redor.
Que eu seja receptiva à alegria e ao amor que flui para mim.
Que este canal permaneça aberto e livre,
Para que eu possa compartilhar com o universo o que é único
Dentro de mim.
Que a nossa dança sempre continue.
Que assim seja.

Ritual para revisar suas crenças espirituais

Apegar-se a crenças e práticas espirituais ultrapassadas é um desperdício de energia. Fazer alguma coisa só porque você sempre fez significa que está realizando ações sem atenção plena. É saudável examinar suas crenças, valores e práticas espirituais de vez em quando. Isso vai te ajudar a se manter focada no que é significativo para si mesma e a direcionar sua energia de maneira mais produtiva e solidária na busca pelo autocuidado.

Você vai precisar de:

Um incenso para meditação (da sua fragrância ou mistura preferida) e um incensário;
Uma vela branca e um castiçal;
Fósforos ou isqueiro;
Seu diário de autocuidado e caneta.

Como fazer:

1. Centre-se e aterre-se.
2. Acenda o incenso. Acenda a vela, dizendo: *"Abençoe a minha autorreflexão. Que a revisão da minha vida espiritual seja honesta, aberta e me guie na direção que trabalha pelo meu bem maior. Que assim seja"*.
3. Medite sobre as seguintes questões:
    - Quais são seus valores atuais?
    - Como você sente atraída a expressar sua espiritualidade hoje?
    - Se você trabalha com uma deidade específica (ou deidades), ainda sente que sua energia ressoa com a delas?
    - Você está se sentindo atraída a explorar novas áreas de expressão espiritual?
    - A prática de certos elementos da sua espiritualidade lhe parece superficial?
    - Quais elementos da sua prática são seus preferidos e ainda te dão conforto ou alegria ao realizá-los?

4. Faça anotações no diário enquanto pensa nessas questões. Escreva qualquer outra coisa que você sinta que não tenha sido abordada aqui.
5. Se esta for a primeira vez que você revisa sua prática espiritual, observe as respostas e medite sobre elas. Tem alguma coisa que precisa parar de fazer? Tem algo novo para incluir? Anote seu plano. Se esta for uma avaliação de acompanhamento, observe o plano e suas respostas anteriores, estruture-as e pergunte a si mesma como foram as mudanças. O que foi um sucesso? O que foi difícil, mas, no fim, foi benéfico? O que foi caótico e não ajudou em nada?
6. Quando terminar, agradeça ao universo pela orientação e deixe a vela e o incenso queimarem até o fim.

Dica:

- Use o mural de visualização espiritual (se tiver criado um) para te ajudar a analisar sua espiritualidade. Compare como se sente e quais são seus valores atuais com aqueles expressos no seu mural.

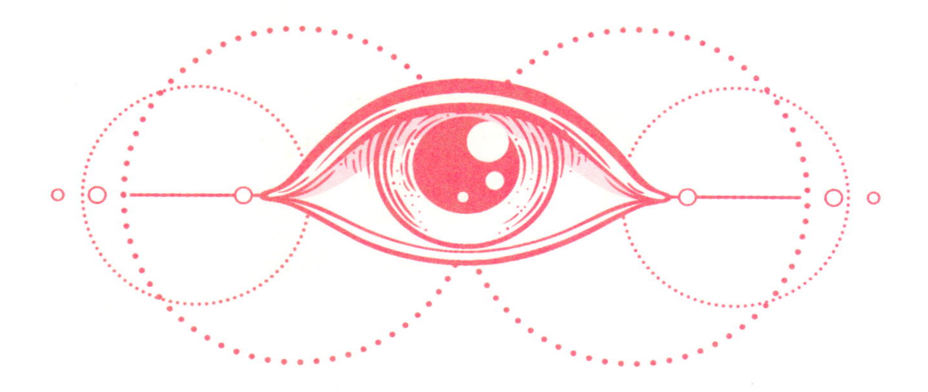

Rituais diários

Agendar breves momentos para fazer uma pausa e entrar em contato consigo mesma é uma excelente maneira de se manter em dia com o autocuidado espiritual, dando a si mesma muitas chances de refletir sobre suas necessidades. As atividades a seguir podem ser chamadas de rituais porque serão conduzidas com consciência e intenção. Hábitos são coisas que você faz com naturalidade e regularidade, mas sem consciência.

Você trabalha à noite ou em turnos alternados? Estes rituais não são, necessariamente, matinais ou noturnos; faça-os antes de iniciar sua atividade diária, seja qual for o horário.

Ritual de pontapé inicial diário

Este ritual para começar o dia é uma chance de se aterrar e se preparar para as atividades que vierem depois. Ele também oferece a oportunidade de sintonizar ou reafirmar seu relacionamento com os elementos. Programe este ritual de cinco minutos na sua manhã, quando precisar de um momento de pausa.

Observação: esta atividade exige um oráculo ou baralho de tarô. Ele será usado como um gatilho visual, inspirador e ilimitado. Se você não tiver um desses *decks* ou baralhos, você pode usar um conjunto de cartas de afirmação ou o "Pote de inspiração" deste capítulo.

Você vai precisar de:

Um baralho de tarô ou outro oráculo (veja a observação anterior);
Um incenso e um incensário (do aroma de sua preferência);
Uma vela e um castiçal;
Um copinho ou pratinho com água;
Uma pedra de cristal de quartzo;
Fósforos ou isqueiro.

Como fazer:

1. Embaralhe as cartas e, antes de começar, deixe-as no local onde pratica magia.
2. Centre-se e aterre-se.
3. Acenda o incenso, dizendo: *"Eu honro o elemento ar. Abençoe o meu dia com sabedoria e uma comunicação clara".*
4. Acenda a vela, repetindo: *"Eu honro o elemento fogo. Abençoe o meu dia com alegria e criatividade".*
5. Imponha a mão sobre o copo ou pires com água, afirmando: *"Eu honro o elemento água. Abençoe o meu dia com serenidade e cura".*
6. Toque no cristal, dizendo: *"Eu honro o elemento terra. Abençoe o meu dia com estabilidade e prosperidade".*
7. Respire quatro vezes devagar, visualizando-se inspirar cada um dos quatro elementos, um de cada vez. Diga: *"Eu honro o espírito do universo, a centelha da vida que preenche todas as coisas. Que eu brilhe com positividade e transmita bênçãos aos que estiverem ao meu redor neste dia".*
8. Feche os olhos e limpe sua mente. Selecione uma carta do baralho no local onde você pratica magia. Você pode tirar uma do topo da pilha ou cortar o baralho e pegar uma de dentro. Olhe para a imagem e permita que as associações apareçam na sua mente. Recoloque a carta virada para cima no topo do baralho.
9. Feche os olhos, centre-se e aterre-se mais uma vez. Diga: *"Hoje eu carrego a bênção dos elementos comigo. Que eu caminhe por este dia protegida e abençoada. Que assim seja".*
10. Bata palmas para encerrar o ritual. Apague a vela e o incenso e prossiga com o seu dia.

Dica:

- Se desejar, antes de terminar o ritual matinal, use seu diário para anotar a carta que tirou do baralho; registre suas associações ou o que ela te fez pensar. No fim do dia, dê uma olhada rápida no livreto, ou livro de referência associado ao seu baralho, e observe as associações tradicionais da carta. O que é semelhante? O que é diferente?

Ritual para o fim do dia

Este ritual permite que você recapitule o dia, feche a porta figurativa de qualquer coisa que não queira levar adiante e se prepare para descansar.

Você vai precisar de:

Uma vela e um castiçal;
Fósforos ou isqueiro;
Seu diário de autocuidado (opcional — veja as instruções);
Caneta (opcional — veja as instruções).

Como fazer:

1. Centre-se e aterre-se.
2. Acenda a vela, dizendo: *"Eu acolho o fim do meu dia. Que suas bênçãos iluminem o meu espírito".*
3. Reflita sobre o seu dia. Quais foram as melhores partes dele? O que você gostaria que tivesse sido diferente? Pelo que você é grata? Você pode escrever ou não no diário de autocuidado.
4. Respire de forma lenta e profunda. Ao expirar, libere toda a negatividade do dia. Faça isso quantas vezes achar necessário.
5. Diga: *"Agradeço ao universo pelas muitas oportunidades e pelas lições que recebi. Que meu sono seja tranquilo e profundo".*
6. Apague a vela.

Preces

A prece é uma forma de comunicação com o que você sente que é maior do que si mesma. Pode ser o universo em geral, uma deidade específica ou uma ideia abstrata, como o ideal de verdade ou paz, ou o que quer que pareça certo para você saudar.

A prece não é exclusiva das religiões organizadas. Embora recitar orações prontas traga um conforto, fazê-las sem um roteiro e falar do fundo do coração é tão válido quanto. A prece pode expressar amor ou gratidão e servir para pedir ajuda, proteção ou qualquer coisa que você quiser. Ela é muito acessível.

Aqui estão duas preces que você pode incorporar à sua prática de autocuidado espiritual. Use-as como estão, reescreva-as ou crie algo a partir do zero!

Prece para dormir

O termo *prece para dormir* pode evocar imagens de crianças ajoelhadas ao lado da cama, com pais severos ou babás supervisionando seus murmúrios; mas, no autocuidado, é uma expressão suave e gentil de gratidão. É um jeito de agradecer e de se conectar com o Divino antes de adormecer.

Você pode dizer a prece a seguir em silêncio ou em voz alta. Não se preocupe em falar palavra por palavra: essa é apenas uma diretriz. Ajuste-a e aumente-a, conforme necessário.

Como fazer:

1. Acomode-se de forma confortável, sentada na cama ou deitada.
2. Feche os olhos. Centre-se e aterre-se. Respire profundamente três vezes, expirando devagar depois de cada uma.

3. Diga:

Este dia foi abençoado.
Eu te agradeço, universo,
Pelas muitas bênçãos.
Obrigada por me manter segura e inteira,
Por me conceder compaixão e discernimento.
Obrigada pelas gentilezas que recebi.
Conceda-me bons sonhos e um sono restaurador,
Para que eu esteja preparada para amanhã e
continue me esforçando para ser
A melhor pessoa que posso ser.
Que assim seja.

Prece matinal

Começar o dia com uma prece faz sentido, ainda mais se você também gosta de encerrar o dia dessa forma. Uma prece pela manhã promove o equilíbrio e é um jeito de iniciar o dia com propósito e atenção plena.

Como fazer:

1. Acomode-se de maneira confortável, sentada na cama ou deitada.
2. Feche os olhos. Centre-se e aterre-se. Respire profundamente três vezes, expirando devagar depois de cada vez.
3. Diga:

Abençoe este dia.
Que eu esteja segura e forte.
Conceda-me discernimento e cura.
Que eu esteja aberta para o amor que fluir na minha direção
E sensível o suficiente para saber quando os
outros precisam da minha ajuda.
Conceda-me gentileza e compaixão.
Que assim seja.

Meditação

Quando você fala que está estressada, as pessoas costumam dizer: "Você devia meditar". É frustrante receber essa prescrição. É como ouvir que beber água vai melhorar as coisas. Claro que vai, em um nível básico. Mas de que maneira você aborda a meditação para torná-la valiosa como autocuidado? E quem tem tempo para fazer tudo isso, no fim das contas? No início, a meditação pode ser intimidante, porque sua nova consciência focada faz com que você perceba tudo que te atrapalha. (Dica: tudo bem. Ninguém está te avaliando. Há uma razão pela qual as pessoas *praticam* a meditação: é algo contínuo; você não a domina e depois para.) Alguns tipos formais de meditação exigem posições e mantras específicos, e isso pode ser difícil.

Criar uma atmosfera propícia para a meditação pode ajudar. Pegue um incenso, como cedro ou lírio, e guarde-o só para a meditação: dessa forma, sua disposição mental vai entrar no modo de meditação sempre que você sentir o aroma.

O principal objetivo da meditação é melhorar a autoconsciência e facilitar o relaxamento. Ela é um processo, não algo orientado para objetivos, e cultiva a gentileza, inclusive por nós mesmas. Ao não se julgar nem se repreender por permitir que pensamentos entrem e saiam da sua mente durante a meditação, você está aceitando que é apenas humana. Cultivar a compaixão, começando por si mesma, é um elemento importante do autocuidado.

Aqui estão algumas recomendações básicas para a meditação:

- Esteja confortável. Você pode se sentar, mas não fique largada; procure manter a coluna reta. Não escolha uma cadeira macia demais: tente uma cadeira reta ou sente-se de pernas cruzadas no chão. Você também pode se deitar, mas, de novo, não em uma cama macia (a menos que seja hora de dormir e você esteja usando técnicas de meditação para pegar no sono). Tente usar um tapete de ioga. Um piso de madeira também pode funcionar se você dobrar um cobertor ou toalha para apoiar a cabeça.
- A maioria das pessoas acha mais fácil fechar os olhos, pois isso elimina a distração visual.
- Desligue o celular e feche as janelas se ouvir muitos ruídos que a distraiam, como tráfego ou pessoas.
- Quando começar, verifique seu corpo. Como ele se sente? Observe a sensação dos membros apoiados no assento ou no chão, o peso das mãos nas pernas ou entrelaçadas no colo. Relaxe todos os músculos que estejam contraídos.
- Se sua mente vagar, pode ser útil alertar a si mesma que você está vagando e, em seguida, voltar aos poucos para o seu foco.
- No início, cinco minutos de meditação já é um bom objetivo. Não se repreenda se precisar parar antes.
- Os professores de meditação costumam recomendar a meditação diária para obter o máximo de benefício. Algumas vezes por semana é uma boa meta.

Existem diferentes tipos de meditação. Aqui estão alguns que são fáceis de acessar e podem ser usados para sessões breves em quase qualquer lugar.

Prepare-se para meditar

A meditação se beneficia da preparação ritualística. Realizar um conjunto de ações que antecedem meditação pode aumentar e maximizar o benefício dela, porque será necessário menos tempo para você entrar no estado de espírito certo.

Aqui estão algumas dicas:

- Evite meditar com o estômago cheio. Você pode se sentir relaxada no momento, mas tentar meditar pode te fazer dormir;
- Use um mesmo incenso para ajudar a sinalizar ao seu corpo que aquele aroma indica que a meditação está prestes a acontecer;
- Meditar ouvindo a mesma música é outro atalho que ajuda seu cérebro a entrar no estado de espírito certo.

Meditação da atenção plena

A meditação da atenção plena consiste em manter a consciência focada no momento presente. Como o autocuidado depende da sua capacidade de conhecer a si mesma e as suas necessidades a todo momento, praticar a meditação da atenção plena permite que você se familiarize melhor com sua realidade, seus pensamentos e seu corpo, enquanto aprecia o momento em que está.

Ela possibilita que você se observe sem julgamentos. Estar atenta significa estar consciente; não há valor atribuído aos pensamentos que surgem, nem ao fato de que os pensamentos estão surgindo. Eles estão ali; eles acontecem. Só isso. Observe o pensamento, depois deixe-o passar sem persegui-lo. Traga a mente de volta para as sensações do seu corpo.

O objetivo da meditação é aprender a abandonar o autojulgamento. Ela também te ensina a não julgar situações fora do seu controle. Presa no trânsito? Observe o fato e deixe-o ir. Não há nada que você possa fazer, então sentir raiva é um uso prejudicial da sua energia. Ficar ansiosa por chegar atrasada e, possivelmente, atrair a raiva de colegas ou do seu supervisor é uma reação natural; porém, com a meditação da atenção plena, talvez você perceba que vai chegar atrasada e, em seguida, abandone a raiva ou a frustração. A prática pode te ajudar a se concentrar menos em emoções negativas ou padrões de pensamento e melhorar seu controle sobre as reações emocionais.

A atenção plena também pode te ajudar a eliminar maus hábitos, como ficar presa na ansiedade, no pessimismo e na conversa interna negativa.

Meditação respiratória

A meditação respiratória (ou consciência respiratória) é uma forma de meditação da atenção plena que usa a respiração como foco. Em vez de permitir que os pensamentos flutuem em uma mente tranquila, este tipo de meditação usa o padrão regular de inspirar e expirar para dar à sua mente alguma coisa para ela prestar atenção.

A maneira mais fácil de praticar a meditação respiratória é respirar e observar a respiração enquanto ela acontece. Mais uma vez, sem julgamento nem controle imposto; apenas respire. Se os pensamentos te distraírem, libere-os e volte o foco para a respiração.

Outra forma comum de meditação respiratória é fazer uma contagem durante cada parte do processo respiratório. Por exemplo, inspire contando até dois, segure contando até três e expire contando até quatro. (A expiração mais lenta ajuda a diminuir a frequência cardíaca e a acalmar o corpo físico. É um ótimo jeito de relaxar enquanto estiver tentando adormecer.)

Ao respirar, observe seu corpo. Como funciona a mecânica da respiração? Você respira fundo a partir do abdome, com a barriga subindo e descendo? Você respira devagar, com o peito mal se mexendo? Você consegue sentir as costas se expandindo ao inspirar? Lembre-se: sem julgamento. Só observe.

Meditação caminhando

Esta é uma ótima técnica para usar ao ar livre. Ela também incorpora exercícios e ar puro, dois acréscimos valiosos ao seu programa de autocuidado.

Escolha um caminho. Antes de começar, feche os olhos, centre-se e aterre-se. Sinta o chão sob os pés. Observe a sensação da roupa na pele. Inspire e observe a sensação do ar externo fluindo para dentro dos pulmões. Expire e libere toda e qualquer tensão do corpo.

Comece a andar. Sem julgamento, observe como seu corpo se sente enquanto você se move. Observe as coisas por onde passa; não pense nelas, apenas observe-as e deixe-as ir.

O objetivo do exercício é estar no momento. Isso permite que você trabalhe na aceitação própria e do que acontece no seu ambiente.

Meditação focada

A meditação focada é uma técnica na qual você se concentra em uma coisa e só uma coisa. É a antítese da multitarefa, que pode parecer produtiva, mas é uma abordagem confusa, que significa que você não dá a sua atenção total a todas as coisas que estiver fazendo ao mesmo tempo. Na verdade, ela leva a uma sensação de realização mais fragmentada e não faz nada para nutrir a sensação de estabilidade necessária para reduzir o estresse. Ao fazer malabarismo com tantas coisas ao mesmo tempo, você pode se sentir mais cansada do que se fizer uma de cada vez, incluindo pausas entre as tarefas.

Talvez você já esteja familiarizada (a contragosto) com a maneira como sua mente evita pensar naquilo em que você deveria estar trabalhando: você não quer gastar a energia necessária para encarar a tarefa e realizá-la. Quando está cansada física ou mentalmente, é mais fácil fazer coisas superficiais. A meditação focada nos ajuda a reaprender a habilidade de focar na tarefa diante de nós. Ela anda de mãos dadas com o conceito de percepção do momento, fundamental para o autocuidado. Concentrar sua atenção na tarefa do agora — comer, ler, exercitar-se — permite que você tenha consciência de todas as sensações que acompanham essa tarefa e te dá a oportunidade de examinar como você reage a esses sentimentos.

Beber uma xícara de chá: meditação focada

Esta atividade faz com que você se concentre em beber uma xícara de chá. Talvez pareça fácil, mas beber uma xícara de chá pode levar cinco minutos. Ficar sentada fazendo só uma coisa durante cinco minutos pode ser um desafio maior do que você imagina. É possível que esteja acostumada a rolar a tela das mídias sociais no celular enquanto desfruta de uma xícara de alguma coisa, ou a ouvir as notícias durante esse momento. Agora, tudo diz respeito à sua xícara de chá. O bônus é que, ao praticar esse tipo de meditação, você consegue melhorar a capacidade de se concentrar em uma tarefa.

Você vai precisar de:

1 xícara do chá que você acabou de fazer;
Seu diário de autocuidado e uma caneta.

Como fazer:

1. Centre-se e aterre-se.
2. Olhe para a xícara de chá. Observe o *design* da xícara. Qual é a cor do líquido dentro dela? Você consegue ver o vapor subindo?
3. Segure a xícara. Como é a sensação da alça? A xícara está quente ou morna? O *design* é em relevo ou plano?
4. Erga a xícara. Quanto ela pesa? Como o líquido em movimento no interior afeta a forma como você a segura enquanto a leva à boca?
5. Como é o aroma do chá? Atente-se à temperatura do ar que você inspira com a xícara perto do rosto.

6. Tome um gole. Preste atenção na sensação da temperatura do chá nos lábios, na língua e na garganta enquanto engole. Reflita sobre o sabor do chá.
7. Continue observando o chá enquanto bebe. Se outros pensamentos surgirem, enquanto estiver saboreando a xícara de chá, reconheça-os e, depois, traga sua atenção de volta para a xícara de chá. Não siga os outros pensamentos nem se sinta frustrada; apenas observe que você os está tendo e volte a focar na tarefa em mãos.
8. Quando terminar o chá, anote no diário de autocuidado como se sente e registre a experiência com a atividade.

Chás para meditação

Beber uma combinação especial de chás antes de iniciar a meditação pode te ajudar a se concentrar. Assim como nas dicas anteriores, o simples ato de tomar uma xícara de chá quando você se prepara para meditar é um atalho útil (ainda mais se você usar a mesma xícara e a mesma combinação de chás todas as vezes). Além disso, o calor é relaxante, e beber o chá pode ser uma meditação em si.

Conforme observado no Capítulo 3, faça uma pesquisa sobre todas as ervas que pretende ingerir sob qualquer forma, certificando-se de que elas não sejam contraindicadas em combinação com os medicamentos que você toma, ou para qualquer condição física que possa ter.

Aqui estão algumas sugestões de combinações de chás para você explorar. Você pode usar ervas e especiarias do seu armário ou jardim, ou pode comprar pequenas quantidades em uma loja de ervas ou mercearia. Se só tiver saquinhos de chá industrializado, use-os: não há nenhuma regra contra abrir um saquinho de chá de hortelã e outro de camomila, misturar os conteúdos, e usar apenas metade da mistura, guardando a outra metade para outra ocasião.

Como preparar

As seguintes combinações de chás para meditação rendem uma xícara. A proporção básica para essas misturas é a quantidade indicada de ingredientes para uma xícara de água fervente, a menos que seja especificado de outra forma. Deixe o chá em infusão por até cinco minutos e, em seguida, retire-o da infusão.

Se estiver usando chá a granel, coloque-o em um infusor de chá. Se você não tiver um, coloque os ingredientes em um bule ou xícara, despeje a água para fazer a infusão, e use um coador ao transferir o chá para a xícara. Quando terminar, descarte as ervas na composteira.

Lembre-se: essas são diretrizes. Em um primeiro momento, experimente cada combinação como sugerido; na próxima vez, brinque com as quantidades. Faça anotações no seu diário de autocuidado!

Chá de camomila para meditação

2 colheres de chá de camomila desidratada.
Um clássico; simples, mas eficaz. Faça a infusão de acordo com as instruções padrão. Adicione uma colher de mel, se desejar um pouco mais de doçura.

Chá verde com chá de rosas para meditação

2 colheres (de chá) de chá verde;
1 colher de chá de pétalas de rosas ou botões de rosas desidratados.
Faça a infusão de acordo com as instruções padrão. Adicionar uma pitada de algo cítrico, como erva-dos-gatos fresca, erva-luísa ou erva-cidreira, aprimora muito essa mistura de chá.

Chá de camomila e hortelã para meditação

1 colher de chá de camomila desidratada;
1 colher de chá de hortelã desidratada.
Faça a infusão de acordo com as instruções padrão. Adicione uma gota ou duas de suco de limão para melhorar o sabor, se desejar.

Chá de rosas e hortelã para meditação

2 colheres de chá de hortelã desidratada;
1 colher de chá de pétalas de rosas ou botões de rosas desidratados;
1/2 colher de chá de camomila desidratada.
Faça a infusão de acordo com as instruções padrão. A hortelã-pimenta é a hortelã mais comum, mas é possível usar qualquer outro tipo para essa receita. Se tiver hortelã fresca disponível, utilize cerca de duas colheres de sopa de folhas rasgadas. Você também pode substituir as rosas desidratadas por umas três pétalas frescas de tamanho médio.

Chá de limão e gengibre para meditação

1 fatia de limão fresco com 6 mm de espessura;
1 fatia de gengibre fresco com 6 mm de espessura;
1/2 colher de chá de flores de lavanda.
Corte as fatias de limão e gengibre em quatro partes e coloque-as no infusor com as flores de lavanda. Despeje uma xícara de água fervente e deixe a mistura em infusão por cinco minutos. O resultado é um chá para meditação estimulante, em oposição aos chás relaxantes e calmantes mais tradicionais. Se você achar que utilizou muito gengibre, reduza-o pela metade na próxima vez.

Incenso para meditação

O incenso é excelente para criar uma atmosfera propícia e purificar um espaço para auxiliar no relaxamento, na clareza e na atenção plena. As combinações listadas aqui são para incensos soltos, que precisam ser queimados sobre discos de carvão, encontrados em mercearias étnicas, lojas de produtos esotéricos ou de suprimentos eclesiásticos. Basta misturá-los em um pequeno recipiente de vidro com tampa e agitar. Se um ingrediente for "pedaçudo" (por exemplo, bagas de zimbro ou folhinhas de alecrim desidratado), esmague-o antes, usando um almofariz (pilão de pedra). Não se esqueça de rotular o recipiente.

Incenso para meditação #1

3 partes de olíbano;
2 partes de lavanda desidratada.

Incenso para meditação #2

3 partes de sândalo;
3 partes de benjoim.

Incenso para meditação #3

2 partes de sândalo;
1 parte de raspas de casca de laranja desidratadas;
1 parte de canela.

Incenso para meditação #4

2 partes de sândalo;
1 parte de pétalas de rosa desidratadas;
1 parte de mirra;
1 parte de jasmim desidratado.

Incenso para meditação #5

2 partes de olíbano;
2 partes de bagas de zimbro desidratadas;
1 parte de sândalo;
1 parte de canela;
3 gotas de óleo essencial de patchouli.

Incenso para meditação #6

2 partes de breu;
1 parte de jasmim desidratado;
1 parte de lavanda desidratada.

Incenso para meditação #7

2 partes de olíbano;
1 parte de cravo-da-índia;
1 parte de raspas de casca de laranja desidratadas;
1 parte de lavanda desidratada.

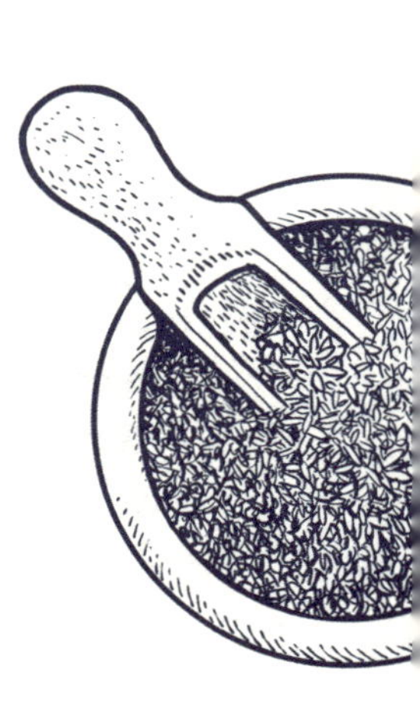

Incenso para meditação #8

1 parte de olíbano;
1 parte de alecrim desidratado.

Cordões de reza e meditação

Muitas pessoas conhecem o rosário católico, a japamala budista e o misbaha islâmico (ou tasbih). No entanto, o uso de contas para a reza não se limita às religiões organizadas. A prece é uma forma de comunicação com o universo, ou com sua percepção do espírito divino que o anima. Por ser muito pessoal, há uma quantidade infinita de variações disponíveis. As preces sugeridas aqui podem ser alteradas, conforme necessário, para que reflitam sua espiritualidade atual e em constante evolução. Você também pode criar cordões de padrões diferentes para grupos de preces distintos de acordo com suas necessidades. Se desejar fazer um cordão infundido com intenção e energia desde o início, você também pode confeccionar as contas utilizadas nele. (Veja o artesanato "Confeccionando contas mágicas de rosas" mais adiante neste capítulo.)

Você sabia que a palavra inglesa moderna bead (contas) vem do inglês medieval bede, que significa "prece"?

Cordões de reza

Estas instruções rendem um cordão de contas que você pode usar para reza ou meditação. Este conjunto específico associa grupos de afirmações de autocuidado a cada seção do cordão de meditação. A meditação trabalha com o número três, que é abençoado em muitas tradições mágicas. O número nove, é claro, é formado por três conjuntos de três.

Ao confeccionar este cordão, não use contas muito pequenas. Você deve senti-las nos dedos enquanto reza cada conta. Use peças miúdas como espaçadores entre as contas principais, para separá-las melhor e ajudar a tornar o cordão mais maleável quando manuseado.

Observação: os cordões de oração não são necessariamente feitos para serem usados como um colar. Este conjunto, por exemplo, não vai ser comprido o suficiente para passar pela sua cabeça.

Você vai precisar de:

Uma conta grande;
Cerca de quarenta contas espaçadoras pequenas;
Três contas médias (cor A);
Um conjunto de nove contas menores (cor B);
Um conjunto de nove contas menores (cor C);
Um conjunto de nove contas menores (cor D);
Um pingente ou pedra com argolinha, furo ou alça;
Um aro para anexar pingente;
Um incenso da sua escolha e um incensário;
Cortadores de arame ou tesoura;
Arame para cordão de contas, náilon ou linha encerada (uma espessura de cerca de 0,4 mm a 0,45 mm funciona com a maioria das contas);
Pinça ou alicate de bico fino;
Fósforos ou isqueiro.

Como fazer:

1. Limpe e purifique as contas de acordo com a sua técnica preferida (para isso, veja o Capítulo 1).
2. Centre-se e aterre-se.
3. Corte cerca de 60 cm de comprimento do fio ou linha. Faça um nó temporário frouxo a cerca de 5 cm de distância de uma das pontas. Insira a conta grande até alcançar o nó temporário e passe uma conta espaçadora até alcançar a conta grande.
4. Passe uma das contas médias (cor A) pelo fio até alcançar a conta espaçadora depois da conta grande. Depois, passe uma conta espaçadora até alcançar a conta média.

5. Comece a passar o primeiro conjunto de nove contas (cor B) no fio. Insira uma conta espaçadora depois de cada conta B.
6. Coloque outra conta média (cor A) no fio, seguida de outra espaçadora.
7. Passe o segundo conjunto de nove contas (cor C) no fio, colocando uma conta espaçadora depois de cada conta C.
8. Coloque outra conta média (cor A) no fio, seguida de uma conta espaçadora.
9. Passe o terceiro conjunto de nove contas (cor D) no fio, colocando uma conta espaçadora depois de cada conta D.
10. Verifique a sequência das contas para ter certeza de que tudo está seguindo o padrão. Quando estiver satisfeita, desfaça o nó temporário frouxo e amarre as pontas em um nó. Certifique-se de que amarrou bem firme. Apare as pontas, mas deixe cerca de 1 cm em cada uma delas. Use uma pinça ou alicate de bico fino para enfiar uma ponta em cada uma das contas vizinhas, de um lado e do outro, escondendo-as.
11. Use os dedos, uma pinça ou um alicate de ponta fina para abrir um pouco o aro com um movimento de torção suave. Passe a aro pelo buraco ou argola do seu pingente ou pedra e, em seguida, sobre o fio entre a conta espaçadora final e a primeira conta média. Feche o aro, apertando-o com firmeza.
12. Quando o cordão estiver pronto, centre-se e aterre-se; em seguida, purifique-o ao passa-lo pela fumaça do incenso (olíbano ou mirra são boas escolhas) e diga: *"Eu as limpo e abençoo, contas. Sejam um foco e um apoio na minha busca pela integridade e por levar uma vida abençoada. Que assim seja"*.

Dicas:

- Um pouco de esmalte transparente pode ajudar a prender o nó quadrado.

- Guarde as contas em uma bolsinha ou caixa bonita, longe de mãos de estranhos e de onde possam ser contaminadas por energias indesejadas.

Como usar o cordão de rezo

Já que repetir afirmações é uma prática mágica, por que não usar o incenso e a vela do seu diário de autocuidado para acompanhar este exercício? Isso vai ajudar a sinalizar para sua psique que ambos os gestos estão relacionados ao autocuidado.

Você vai precisar de:

Fósforos ou isqueiro;
Uma vela e um castiçal;
Um incenso e um incensário;
Seu cordão de reza (veja a atividade anterior).

Como fazer:

1. Centre-se e aterre-se.
2. Acenda a vela e o incenso.
3. Segure o cordão de contas e respire três vezes, devagar.
4. Comece com o pingente. Segure-o e diga: *"Eu sou completa em mim mesma. Eu sou suficiente. Eu tenho o poder de moldar e mudar a minha vida"*.
5. O primeiro grupo de contas representa a cura. Na conta média que o introduz, repita: *"Sou inteira e saudável; eu abraço o bem-estar"*.
6. Em cada uma das nove contas menores do primeiro grupo, diga: *"Eu recebo a cura em todas as áreas da minha vida"*.
7. O segundo grupo de contas representa a autoconfiança. Na conta média que o introduz, afirme: *"Eu sou suficiente. Tenho dentro de mim tudo de que preciso para ter sucesso"*.
8. Em cada uma das nove contas menores do segundo grupo, diga: *"Eu acolho o crescimento e a oportunidade"*.

9. O terceiro grupo de contas representa o amor-próprio. Na conta média que o introduz, repita: *"Eu sou digna de amor, respeito e cuidado. Eu mereço uma vida boa"*.
10. Em cada uma das nove contas menores do terceiro conjunto, diga: *"Eu acolho o amor em todas as áreas da minha vida"*.
11. Você completou a volta no cordão de contas e agora está de volta ao pingente. Repita a afirmação que deu início à meditação: *"Eu sou completa em mim mesma. Eu sou suficiente. Eu tenho o poder de moldar e mudar a minha vida. Que assim seja"*.

Confeccionando contas mágicas de rosas

Transformar em contas as rosas que você recebeu em uma ocasião especial é um jeito encantador de vincular essa valorização e celebração à sua prática mágica contínua de autocuidado. Estas instruções transformam as pétalas de rosas em contas que você pode usar no seu cordão de reza ou meditação. Conforme as manuseia, o calor das mãos libera o perfume das rosas usadas para fazer as contas. É uma experiência bela e mágica.

Uma rosa de tamanho normal pode ter cerca de trinta pétalas, rendendo de uma a uma xícara e meia quando colocadas em um copo medidor com delicadeza sem pressionar. Meia dúzia de rosas rende cerca de oito xícaras. Isso pode parecer muito, mas as pétalas vão ser muito reduzidas, primeiro no cozimento e depois na secagem. Dependendo do tamanho que fizer as contas, você terá várias delas. Lembre-se de que contas menores secam em menos tempo.

Observação: as cores das rosas escurecem e, às vezes, mudam durante o cozimento. Não se assuste.

Você vai precisar de:

Pétalas de seis rosas;
Um liquidificador;
Uma panela grande (evite panelas de aço inoxidável; o ideal é usar panelas de vidro ou esmalte);

Uma colher de pau;

Cinco agulhas de tricô de ponta dupla de metal ou plástico (tamanho 1 ou 2 nos EUA, no sistema métrico, variando de 2,25 a 2,75 mm);

Um quadrado de isopor ou espuma floral;

Água destilada (mais ou menos 1/4 de xícara para cada 2 xícaras de pétalas);

Óleo essencial de rosas (opcional).

Como fazer:

1. Coloque duas xícaras de pétalas no liquidificador e adicione um quarto de xícara de água. Tampe e bata a mistura. Alterne adicionando as pétalas e a água. Ao acrescentar mais pétalas, espere um pouco para colocar a água: seu objetivo é uma textura pastosa, e quanto mais água adicionar agora, mais terá de remover depois.
2. Despeje a mistura na panela, raspando e incluindo também o resíduo que ficou no copo do liquidificador; aqueça em fogo médio, mexendo com a colher de pau. Não deixe a mistura ferver; basta aquecê-la para engrossar um pouco mais.
3. Quando a polpa estiver na consistência de argila, tire do fogo e deixe esfriar o suficiente para poder sovar. Se sua argila de rosas não estiver tão perfumada quanto gostaria, adicione algumas gotas de óleo essencial de rosas e sove a mistura.
4. Separe porções do tamanho de uma bola de gude e forme bolinhas. Quando secarem, as contas vão encolher até mais ou menos metade do tamanho original, então planeje o tamanho pensando nisso. Passe a conta pela agulha de tricô com delicadeza; deslize com cuidado até chegar perto do final da agulha. Continue até ter usado toda a argila para fazer contas do tamanho desejado. Deixe um pouco de espaço entre as contas nas agulhas para que o ar possa circular bem entre elas.
5. Enfie uma ponta de cada agulha no isopor ou espuma floral para que elas fiquem em pé e para permitir que o ar circule ao redor de todas as superfícies das contas.

6. Com delicadeza, gire as contas todos os dias, ou movimente-as na agulha para que elas não sequem grudadas na própria agulha.
7. O tempo de secagem vai depender da umidade do clima, de quanta água a argila ainda contém, e do tamanho das contas.
8. Quando elas estiverem secas, remova-as das agulhas. Você pode utilizá-las em qualquer artesanato de contas.

Dicas:

- Essas contas à base de pétalas também podem ser feitas com outras flores. Procure as associações mágicas das diversas flores que você tem e veja o que é possível usar para propósitos mágicos específicos. Você pode cozinhar flores diferentes juntas para fazer uma argila de várias flores, ou cozinhá-las separadas e depois combinar as contas no fio, ao confeccionar um novo cordão de reza.
- Se não tiver um liquidificador, um processador de alimentos serve. Você também pode moer as pétalas à mão, usando um almofariz, mas o processo vai ser demorado.
- Não molhe essas contas à base de flores; elas não são impermeáveis.

Conecte-se à natureza

A natureza está ao nosso redor, mas, muitas vezes, ficamos alheios a esse universo. É uma pena, porque ela pode apoiar seu autocuidado de várias maneiras. Para começar, a natureza é tranquila. Ela não te bombardeia com argumentos, vídeos, manchetes e prazos. Há menos estresse nesse ambiente.

A terapia da natureza é um jeito fácil de diminuir seus níveis de estresse. Ela pode elevar o humor, descansar a mente e oferecer oportunidades de movimento e exercício, se você desejar. Estar em um ambiente natural permite que sua atenção seja atraída de forma passiva e involuntária, em oposição a uma aplicação direcionada e ativa de atenção e foco, como no trabalho ou na leitura. A atenção involuntária usa menos energia do que a atenção direcionada, e é por isso que, muitas vezes, você volta do tempo passado na companhia da natureza sentindo-se menos cansada do que se tivesse passado o mesmo tempo no cinema, por exemplo. Ambos são agradáveis, mas um filme requer atenção e foco para acompanhar a história e processar todos os elementos da narrativa.

O simples fato de estar presente na natureza pode reduzir seus níveis de estresse. Então onde você encontra a natureza?

- Se você tem um quintal, pode começar por aí. Muitas vezes, sons urbanos podem se intrometer, então não são ideais; mas use esse espaço, se o tiver!
- Os parques da cidade são um recurso público aberto a todos.
- Se sua cidade tiver um jardim botânico ou uma área natural protegida aberta ao público, agende uma visita.
- Verifique se há fazendas e organizações locais que aceitem grupos de trabalho ou agendem visitação. Há institutos de preservação ambiental e transformação social que oferecem parte da produção em troca do trabalho na fazenda, e isso pode ser uma experiência fantástica.

- Procure parques estaduais ou regionais a uma curta distância e agende um dia para explorá-los. Ou encha uma cesta de piquenique, leve seu diário e aprecie as paisagens e os sons.

Para mais maneiras de explorar a natureza, confira as instruções para confeccionar peças artesanais sazonais na seção "Autocuidado criativo", mais adiante neste capítulo.

Meditação em um espaço verde

Esta meditação oferece um momento para você se reconectar com as energias mágicas da natureza, até mesmo no meio da cidade. Um aspecto que muitas vezes é esquecido na vida moderna é a interação com o mundo natural. Os exercícios são praticados em academias fechadas, e a interação com o espaço natural pode limitar-se ao trajeto apressado da porta da frente até o carro a caminho do trabalho.

Reservar um tempo para estar presente e atenta à natureza é uma forma mágica de autocuidado, muitas vezes negligenciada. Você pode não ter acesso a um quintal e talvez se sinta constrangida em um espaço verde público. Mas reserve um tempo para essa experiência. Ela pode oferecer benefícios que superam o desconforto.

Você vai precisar de:

Toalha ou canga.

Como fazer:

1. Estenda a toalha ou canga no local escolhido. Se for inverno, talvez você prefira usar um banco, um degrau ou à beira de uma fonte ou de estátua do parque.
2. Sente-se ou deite-se e feche os olhos.
3. Centre-se e aterre-se.
4. Inspire fundo e expire devagar três vezes. Em seguida, diga (em voz alta ou em silêncio):

Mãe natureza,
Eu a honro.
Eu me abro para você aqui e agora.
Abençoe-me com sua energia amorosa.

5. Preste atenção ao que a sua audição está te dizendo. Escute. O que você ouve?
6. Concentre-se no que o seu olfato está te comunicando. Inspire. Que cheiro você sente?
7. Focalize o que o seu tato está te revelando. Sinta. Que sensações você percebe na pele e sob o corpo?
8. Preste atenção ao que o seu paladar está te dizendo. Abra a boca. Que gosto você sente no ar?
9. Concentre-se no que a sua visão está te comunicando. Abra os olhos. O que você vê ao redor?
10. Continue deitada, relaxada, pelo tempo que desejar. Registre a experiência no diário, ainda no local da meditação, enquanto estiver fresca na sua mente, ou depois de voltar para casa.
11. Antes de ir embora, diga:

Mãe natureza,
Obrigada pelas diversas bênçãos.
Obrigada por estar aqui comigo durante essa meditação.
Que o seu amor viaje comigo.

Dicas:

- Leve um livro e/ou um lanche para desfrutar depois da meditação. Por que desperdiçar a viagem e o tempo no seu espaço verde?
- Se a sua cidade tiver um jardim botânico, experimente essa meditação em diferentes áreas e registre as experiências. Qual a diferença entre elas?

Energias sazonais

Sintonizar-se com as energias mutáveis da natureza no decorrer das estações é um jeito ideal de se envolver no autocuidado espiritual. Dessa forma, você não está lutando contra a energia do mundo ao redor, imaginando por que se sente inquieta.

Temos a tendência de pensar que as estações têm começo e fim definidos, mas isso não é verdade. Elas se misturam e, embora por um lado essa seja uma bela metáfora para a mudança na vida, também pode ser uma fonte de estresse. Quando guardar as botas de inverno?

A chave é celebrar a falta de início e fim definidos. Comemore a mudança. Concentre-se na transição em si. Para acompanhar a transição, mude sua decoração e seu guarda-roupa aos poucos, com atenção plena.

A energia do ano se altera conforme as estações mudam. Perceber isso e dar-se tempo para um ajuste consciente a essas energias mutáveis pode ajudar a reduzir o estresse. Diferentes energias sazonais exigem diferentes métodos de autocuidado:

- Autocuidado no inverno: pense em cobertores pesados, roupas quentinhas, aromas profundos e reconfortantes, velas perfumadas com especiarias, alimentos mais substanciais e que forneçam uma satisfação maior, bebidas quentes ou mornas. Seu tempo ao ar livre pode ser mínimo, dependendo da sua localização geográfica e da gravidade do clima, mas aproveite o que puder da maneira que mais gostar.
- Autocuidado na primavera: você ainda prefere ficar aconchegada, mas nem tanto. Torne seu autocuidado mais leve, tanto de maneira literal (com cobertas e colchas, alimentos e bebidas mais leves) quanto figurativa (substitua as velas de aroma mais denso por velas herbais mais leves e assim por diante). Desfrute de chás e bebidas quentes mais leves. O clima pode ser mais favorável ao aumento do tempo que você passa ao ar livre.
- Autocuidado no verão: desembale as mantas leves de algodão ou linho e aproveite a brisa e o calor do sol. Use protetor solar! Desfrute de bebidas frescas, gaspacho e saladas com muitos vegetais. Observar as estrelas é uma atividade encantadora.
- Autocuidado no outono: é hora de reintroduzir os suéteres e cobertas leves; já é possível usar uma botinha com vestido, luvas sem dedos e cachecóis leves. Envolva as mãos em canecas de bebidas leves e quentes e volte a preparar sopas e ensopados. Aproveite aquela luz solar dourada e especial que só se vê no outono e participe de atividades ao ar livre, como colher maçãs.

Existem duas maneiras diferentes de marcar as estações: a data oficial do calendário, que, em geral, cai entre os dias 20 e 22 dos meses de transição, e a *sensação* real da chegada da estação. Afinal, há uma diferença entre o primeiro dia do inverno e o primeiro dia com cara de inverno. Às vezes, pode ser apropriado realizar um ritual ou uma sintonização na data do calendário; em outras ocasiões, talvez você sinta o desejo de celebrar mais cedo ou com algum atraso, em resposta a uma alteração do ambiente, como a migração das aves ou quando o clima refletir verdadeiramente a estação.

Sintonização sazonal

Quando o tempo estiver favorável, vá para o quintal ou a um parque. Para isso, use calçados e roupas adequados!

Como fazer:

1. Encontre um lugar onde você se sinta confortável. Feche os olhos e respire de forma lenta e profunda por três vezes.
2. Centre-se e aterre-se.
3. Se estiver usando luvas, tire-as. Agache-se e toque o chão com as mãos descobertas. Sinta a temperatura da grama ou da terra.
4. Olhe ao redor. O que você vê? Em que estado estão as árvores? Os jardins? Como você descreveria as cores?
5. Registre suas descobertas e sentimentos no diário. Como esta sintonização é diferente das que você fez antes?

Dica:

- Depois de fazer isso por mais de um ciclo anual, você pode começar a comparar suas observações da primavera atual com a primavera do ano anterior e com a de qualquer outro ano. Dessa forma, é possível começar a rastrear alterações no ambiente que, de outra forma, você nunca teria notado.

Autocuidado criativo

O autocuidado criativo se enquadra no autocuidado espiritual, porque ajuda a nutrir algo inefável. Equilíbrio espiritual significa estar em harmonia com seu espírito e com a energia do mundo em geral. Quando você trabalha para aprofundar e ampliar sua conexão espiritual com o universo, sua criatividade também responde.

O autocuidado criativo não é sobre quão exclusivos ou originais são os seus métodos de autocuidado. É sobre alimentar a alma. É o que proporciona alegria, gera empolgação, oferece um lugar para correr riscos e nutrir a paixão de novo. Essa é a área a ser explorada quando você se sentir entediada e desinteressada, e precisar de um jeito para dar um gás geral na vida. O autocuidado criativo te incentiva a dar atenção e uma válvula de escape ao seu eu interior, além de estimular uma atitude positiva.

Fazer pausas, se permitir brincar e explorar outros métodos de ser produtiva e criativa — sem um prazo ou contexto imposto — são formas valiosas de revigorar sua perspectiva e noção de capacidade. Pode parecer contraintuitivo fazer uma pausa na lista de tarefas para se envolver em algo não relacionado a elas, como desenhar, colorir ou tricotar; mas os projetos criativos costumam usar uma parte diferente do seu cérebro, e isso dá tempo para as partes sobrecarregadas respirarem. Desligar-se do trabalho pode, de forma paradoxal, te tornar mais produtiva.

Lembre-se: espiritualidade não é religião. Você pode ser espiritualizada (e criativa) sem seguir um caminho religioso prescrito.

O trabalho de expressar a criatividade apoia a sua jornada espiritual. As duas coisas são associadas. O conceito de *expressão* é fundamental tanto para a criatividade quanto para a espiritualidade. A expressão criativa permite que você explore e exponha o que está no seu coração e na sua mente para descobrir como se sente; é uma válvula de escape para a emoção e uma oportunidade de permitir que o subconsciente desvende questões complicadas.

Trabalhando com as mãos

A expressão criativa significa que, toda vez que você desenha ou monta um arranjo de flores, está fazendo uma análise profunda de alguma questão espinhosa e complexa? Claro que não. Às vezes, o envolvimento em algo criativo simplesmente te dá prazer. E lembre-se: o autocuidado está relacionado à alegria e ao prazer. Ele significa ser feliz consigo mesma e estar presente no momento. Passatempos criativos podem oferecer isso.

É bom desconectar-se ao focar em algo nas suas mãos. Confeccionar ou consertar alguma coisa é um microcosmo de problemas maiores no trabalho ou na vida. Você pode concluir um projeto e sentir satisfação e um senso de realização. Isso ajuda muito a preencher sua necessidade de orgulhar-se das próprias conquistas, de viver a onda de emoções do sucesso e a satisfação de concluir algo. Há uma sensação de contentamento associada ao trabalho manual que é difícil de obter com a solução de problemas intelectuais. São como dois lados de uma moeda. Você já se perguntou sobre a onda de interesse renovado em tricô, costura ou noites de pintura? A redescoberta do artesanato criativo está relacionada à necessidade de trabalhar com as mãos e focar em um projeto desvinculado do trabalho diário. Os trabalhos manuais criativos oferecem a chance de desconectar-se das atividades estressantes do dia a dia.

Se você trabalha em um campo em que a criatividade é a parte principal da sua função, sabe como é difícil ser criativa o tempo todo. É vital que reabasteça as fontes de criatividade para poder extrair algo delas. Leia livros, asse pão, cuide do seu jardim, contemple o mundo pela janela, faça caminhadas... Desligue-se do seu trabalho criativo principal para dar um descanso à sua mente e permitir que ela se recupere.

Criatividade com atenção plena

Quando alguém está procurando ideias de autocuidado, não há sentido em dizer "Você deveria fazer arte". Isso porque não é muito útil sugerir algo tão vago. É mais correto falar do uso de técnicas criativas práticas que ajudem a desligar a mente ocupada e concentrar-se no momento.

A atenção plena te ajuda a relaxar e aproveitar o processo criativo, em vez de focar no produto ou objetivo, que não são o objetivo dessa atividade.

Atenção plena, como já foi definida, é permitir-se estar presente no momento, focando na tarefa diante de você, sem tensões. "Fazer arte" é uma das coisas que estimula a atenção plena. Qualquer atividade que envolva usar as mãos para criar algo, enquanto te desliga da "roda de hamster" dentro do seu cérebro, pode ser útil. Você tem vontade de pintar um quadro seguindo aquelas telas com áreas numeradas? Gostaria de participar de uma oficina de pintura em cerâmica? Está namorando um livro de colorir e um conjunto de marcadores de ponta fina? *Scrapbook*? Arte com carimbos? Fotografia? Vá em frente!

Lute contra a autocensura

Uma das regras mais importantes do trabalho criativo é não permitir conversas internas negativas. Claro, você pode identificar pontos fracos e trabalhar para melhorá-los — desafiar a si mesma é um ótimo jeito de crescer —, mas não critique a si mesma. A autocrítica negativa é o oposto da construtiva. Ela é *destrutiva*, e isso prejudica o autocuidado. Se você tende a ter uma conversa interna negativa (*Isso é idiota; Eu sou péssima nisso; O que eu crio nunca vai ser bom; Qual é o sentido, se eu não consigo fazer isso direito?*), essa é uma área que você pode usar para praticar o combate à negatividade que surge por meio de tais afirmações. Lembre-se: nutrir seu lado criativo faz parte do autocuidado espiritual. Se você sempre se colocar para baixo, vai reprimir o autocuidado espiritual!

Se estiver ansiosa ou com medo de criar, sua mente vai fazer de tudo para evitar isso: limpar a geladeira, checar o e-mail, lavar o cabelo, esfregar o chão do banheiro... Em outras palavras, você vai autossabotar o seu próprio relaxamento e a exploração da sua criatividade. Se necessário, defina um cronômetro e concentre-se em qualquer expressão criativa na qual tenha escolhido trabalhar por quinze ou vinte minutos sem parar.

Faça um curso

Honre a si mesma e sua necessidade de autocuidado criativo fazendo um curso e aprendendo algo novo. Embora as aulas presenciais também sirvam para te fazer sair de casa, sem ser para ir ao trabalho ou à escola, isso nem sempre é possível. Por sorte, há vários tipos de cursos disponíveis na internet, e a maioria permite que você aprenda no seu próprio tempo e no horário que for melhor para você. Muitos sites costumam fazer promoções com frequência, então fique de olho.

Música

É provável que a música já faça parte da sua rotina de autocuidado. Talvez você já tenha uma *playlist* para ouvir se estiver tendo um dia ruim, outra para te ajudar a "arrasar" e outra relaxante para ouvir durante o trajeto para o trabalho. Talvez goste de dormir ouvindo uma música tranquila, toque um álbum com uma música eletrizante para entrar no estado de espírito ativo na hora da faxina, ou escolha umas músicas incríveis para uma festa dançante (e, se você não costuma frequentar festas dançantes, está perdendo uma atividade de autocuidado fácil e divertida); mas é possível que você não use a música com atenção plena.

A atenção plena pede concentração na tarefa ou atividade à sua frente, permitindo-se estar no momento e liberar o controle que o passado ou o futuro tem sobre você e suas emoções, dando à mente e ao espírito a chance de descansar desse malabarismo todo. Muitas vezes, ouvimos música enquanto fazemos outras coisas, e isso a coloca em segundo plano. Ouvir música de maneira consciente oferece a oportunidade de explorá-la — e a si mesma — de um jeito diferente.

Ouvi-las com atenção plena pode oferecer uma apreciação maior das músicas que você adora. Essa prática também oferece a oportunidade de escutar ou reparar em aspectos que não tinha percebido antes. Você pode descobrir muito sobre sua música preferida ao ouvi-la de forma ativa.

Se você já usa a música para reduzir o estresse, ouvir com atenção plena pode otimizar a capacidade da música de alcançar esse resultado, além de ter um impacto profundo no alívio do estresse, ansiedade e depressão.

Tocar um instrumento

Fazer música é outra maneira de reduzir o estresse. Se você sofreu com aulas de música forçadas quando criança, ou ficou chateada e estressada porque não conseguiu tocar uma canção, talvez queira argumentar contra essa ideia. No entanto, pesquisas mostram que tocar um instrumento pode baixar a pressão arterial, diminuir a frequência cardíaca, aliviar o estresse e reduzir a ansiedade e a depressão. Essa prática também redireciona sua mente para longe do trabalho, permitindo uma pausa mental no uso do seu cérebro para o trabalho diário, e reforça a atenção ao momento presente. Como bônus, você está fazendo isso por si mesma, não por outro alguém. Essa é uma declaração de autocuidado muito forte.

Se você ainda não toca um instrumento, por que não aprender um? Os ukuleles são fáceis de encontrar hoje em dia, assim como os teclados, para quem gosta de piano. Você vai encontrar muitos conselhos divergentes sobre a qualidade do instrumento ao comprar. Um instrumento muito ruim pode até dificultar o aprendizado; assim sendo, uma boa opção é alugar um instrumento para certificar-se de ter escolhido o tipo ideal. Procure um professor na internet ou em um quadro de avisos à moda antiga em uma loja de instrumentos musicais. Você pode fazer contato com uma universidade ou faculdade local para encontrar um professor e ter aulas particulares, ou tentar fazer algumas aulas on-line. Leia o máximo de avaliações das aulas que está pensando em comprar antes de mergulhar de cabeça, garantindo que o professor seja experiente.

Aprender um novo instrumento vai te humilhar e frustrar. Mas permitir-se ser desafiada, superar obstáculos e chegar do outro lado é um ótimo jeito de reforçar a autoconfiança. Pense em cada nova obra ou técnica como um miniprojeto, e comemore a conclusão bem-sucedida de cada uma.

Afirmações de criatividade

Projetos criativos podem deixar as pessoas inseguras e fazer com que duvidem da própria expressão. Usar afirmações para apoiar o autocuidado criativo é um jeito fácil de se lembrar que brincar com canetas e tintas não é perda de tempo! Tente qualquer uma das afirmações a seguir, ou todas elas.

- *Meu trabalho está florescendo. Eu estou florescendo.*
- *Eu acredito nos meus talentos e habilidades.*
- *Eu tenho ideias maravilhosas e as exploro de forma criativa.*
- *Eu aprendo e cresço a cada projeto e, por isso, todos os projetos são bem-sucedidos.*

Pote de inspiração

Se estiver se sentindo desencorajada com a sua produção ou capacidade criativa, este pote de afirmações encorajadoras pode ajudar. Tire uma inspiração sempre que se sentir para baixo. Ou você pode tirar uma de manhã, como parte da rotina matinal de autocuidado espiritual, e pensar nela à medida que seu dia se desenrolar.

Escolha um pote bonito para este projeto: existe prazer no ato de olhar para coisas esteticamente agradáveis. Se você tiver uma tigela ou um vaso grande que prefere usar, vá em frente! Apenas certifique-se de que a abertura seja larga o suficiente para você enfiar a mão e pegar um pedaço de papel, e as paredes não sejam tão altas que a impeçam de pegar papéis do fundo. Uma caixa bonita também serve.

Você vai precisar de:

Tiras de papel em branco;
Uma caneta;
Um pote pequeno ou outro recipiente;
Uma pedra pequena de quartzo transparente;
Uma pedra pequena de citrino;
Uma pedra pequena de quartzo rosa.

Como fazer:

1. Nas tiras de papel, escreva afirmações e declarações de apoio. A seguir estão algumas sugestões, mas eu te incentivo a criar as suas!

   Eu amo a pessoa que estou me tornando.
   Eu vejo alegria para onde quer que eu olhe.
   Todo erro é uma experiência de aprendizado.
   Continuo aprendendo e crescendo todos os dias.
   Meu trabalho não precisa ser perfeito para ser um sucesso.
   Eu só tenho de ser melhor do que era antes.
   Pequenos passos aumentam o progresso.
   Eu sou confiante e capaz.
   A energia criativa flui através de mim o tempo todo.
   A cada dia eu sou mais criativa.
   Eu sou criativa e confiante.
   Eu sou criativa em todas as áreas da vida.
   Minha imaginação me inspira todos os dias.

2. Dobre cada tira ao meio e coloque-as no pote ou recipiente.
3. Segure o quartzo branco, dizendo: *"Quartzo, eu invoco a sua clareza e o seu poder para energizar a minha vida criativa"*. Coloque-o no recipiente.
4. Segure o citrino e repita: *"Citrino, eu invoco os seus poderes de comunicação para me ajudar a expressar a minha criatividade"*. Coloque-o no recipiente.
5. Segure o quartzo rosa e diga: *"Quartzo rosa, eu invoco o seu poder de transformação para que qualquer energia negativa ao meu redor seja transformada em energia positiva e de apoio"*. Coloque-o no recipiente.
6. Pegue um pedaço de papel quando precisar de um estímulo para a sua confiança criativa. Coloque-o de volta depois de lê-lo em voz alta algumas vezes. Mantenha a afirmação na sua mente e torne a repeti-la ao longo do dia.

Projetos de artesanato sazonais

Um jeito de honrar a mudança sazonal é reservar um tempo para fazer artesanato. Acenda uma vela, queime um incenso, coloque uma música adequada que te ajude a entrar no espaço mental e busque a energia da estação que se aproxima, ou que já chegou, para te ajudar a sincronizar a sua energia com ela.

Projeto sazonal com bola de Natal

Fazer enormes decorações sazonais ou extrapolar e decorar a casa toda durante uma estação não é para todas as pessoas. Aqui está um projeto sazonal menor que você pode fazer todo ano para marcar a chegada de uma nova estação, e que não vai ocupar muito espaço. Com o passar dos anos, você vai acabar com uma coleção de ornamentos natalinos que podem ser pendurados nas janelas ou exibidos em uma tigela decorativa. Esta ideia foi projetada especificamente para o solstício de inverno, mas você também pode adaptá-la para outras estações.

Observação: se você planeja usar material fresco nas suas bolas de Natal, vai precisar esperar até que esse material desidrate antes de guardá-la no depósito; ou remova o material orgânico e descarte-o antes de armazenar a bola. O sistema de fechamento não é hermético, então o ar vai circular. Tente deixá-la aberta por alguns dias para que um pouco da umidade evapore antes de fechá-la.

Você vai precisar de:

Uma bola oca de plástico transparente para artesanato (do tipo que se abre em duas metades, do tamanho da sua escolha);
Azevinho*;
Hera;
Visco;
Pequenas pinhas;
Glitter (opcional);
Fitas brancas, vermelhas e verdes em pequenos comprimentos, de 8 cm a 12 cm (para o interior da bola);
30 cm a 60 cm de fita estreita (para pendurar).

Como fazer:

1. Abra a bola sobre a superfície de trabalho. Arranje o azevinho, a hera, o visco, as pinhas, os pedaços de fita e o *glitter* (se for usá-lo) em uma das metades, depois feche a bola e vire-a devagar até que a alça de pendurar esteja no topo. O conteúdo vai se movimentar um pouco.
2. Passe uma fita estreita pela alça e pendure a bola de Natal no local desejado. Você também pode colocá-la em um prato ou tigela para exibi-la.

* O azevinho e o visco são decorações natalinas muito tradicionais no hemisfério norte. Como tudo pode ser adaptado na magia natural, incentivamos você a ser criativa e a buscar materiais naturais alternativos em sua região, como palha e tuias-holandesas.

Lanternas de gelo

Este projeto cria lanternas mágicas de gelo para brilhar ao ar livre. Se desejar usá-las dentro de casa, faça-as em tamanhos menores, e coloque-as em uma tigela grande o suficiente para conter a água derretida. (Uma tigela prateada em aço inoxidável é uma boa escolha.)

Se a temperatura externa não for baixa o suficiente para congelar a água, abra espaço no *freezer* e escolha recipientes que caibam nele. Os recipientes precisam ser impermeáveis e resistir ao congelamento. Lembre-se de que a água se expande quando congela.

Você vai precisar de:

Um recipiente impermeável pequeno;
Um recipiente impermeável maior, no tamanho da lanterna de gelo que você quer fazer;
Seixos, bolinhas de gude ou outros pesos;
Água;
Velas de *réchaud.*

Como fazer:

1. Coloque alguns dos seus pesos dentro do recipiente pequeno. Posicione o recipiente pequeno dentro do maior, e comece a despejar água no recipiente maior, no espaço entre as paredes dos recipientes grande e pequeno.
2. Observe se o recipiente menor se move. Ele deve flutuar um pouco para formar uma camada resistente de gelo no fundo, mas deve afundar o suficiente para criar uma cavidade para a vela. Adicione ou remova pesos para ajustar a posição do recipiente interno. Acrescente água ao recipiente maior para elevar o nível dela até a altura que você deseja para a lanterna de gelo.
3. Deixe o recipiente ao ar livre ou no *freezer* para congelar durante uma noite.

4. Quando estiver pronta para montar a lanterna de gelo, traga-a para dentro de casa e coloque-a na pia para aquecer um pouco. Remova os pesos de dentro do recipiente menor e despeje água morna nele para ajudar a soltá-lo. Remova o recipiente menor. Vire o recipiente maior com cuidado para desenformar a lanterna de gelo de dentro dele.
5. Se você planeja usar a lanterna de gelo ao ar livre, leve-a para fora e acenda uma vela de *réchaud* dentro dela. Se for usar dentro de casa, coloque-a na tigela prateada, leve-a para onde quiser e acenda a vela dentro. Curta o efeito mágico do fogo dançando dentro do gelo! O tempo de duração da lanterna de gelo depende da temperatura do seu cômodo.

Arranjo decorativo de outono

Não há nada como dar uma caminhada pelo parque ou bosque durante o outono, quando a luz parece ficar mais dourada e você quase consegue sentir o cheiro das folhas caídas. Este é um projeto que permite que você adicione e organize os itens como preferir.

Você vai precisar de:

- Dois panos de prato leves;
- Um vaso de vidro grande;
- Folhas de outono (selecione quantas desejar, considerando o tamanho do vaso);
- Papel-manteiga;
- Ferro de passar;
- Galhos e raminhos de arbustos (típicos da sua região nessa época do ano);
- Maçãs pequenas;
- Pinhas;
- Nozes ou outros tipos de castanhas mistas sem casca.

Como fazer:

1. Recolha as folhas de outono. Escolha-as com cores e formas variadas!
2. Coloque um pano de prato na superfície sobre a qual você vai passar o ferro. Posicione uma folha de papel-manteiga de tamanho semelhante em cima dele. Distribua as folhas por cima do papel e coloque outra folha de papel-manteiga por cima delas. Por fim, cubra tudo com o segundo pano de prato. Pré-aqueça o ferro em temperatura média–baixa (sem vapor!) e passe a pilha com delicadeza para ajudar a preservar as folhas. Espere esfriar e, em seguida, remova o papel das folhas com cuidado.
3. Monte o arranjo. Comece a distribuir as decorações no fundo do vaso. Arrume algumas das folhas ao longo da borda externa enquanto organiza as decorações dentro do vaso.
4. Durante o processo, vá inserindo os ramos dos arbustos entre as decorações de outono. Use as maçãs e pinhas para mantê-los arrumados e imóveis. Adicione as nozes onde desejar.
5. Exiba o arranjo perto do seu local de trabalho espiritual ou em um canto aconchegante, ou então use-o como peça de centro em uma mesa ou um cômodo.

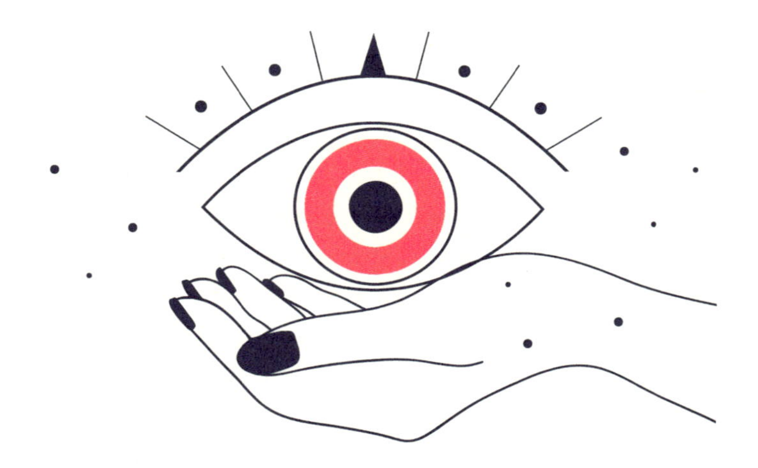

Atividades para estimular a criatividade

Você sente que não é uma pessoa criativa? Tem problemas para se libertar e apenas brincar? Você precisa de inspiração? Aqui estão algumas atividades para te ajudar a explorar diferentes técnicas que podem ser usadas em um contexto espiritual.

Esferas focais para o mural de visualização

Faça uma esfera focal para representar algo no seu mural de visualização, como um objetivo ou conceito no qual você deseje se concentrar por um tempo. Está economizando para tirar férias em Paris? Pegue uma miniatura da Torre Eiffel, faça uma baguete com massinha de modelar, encontre uma miniatura de garrafa de vinho ou taça e adicione fitas vermelhas, brancas e azuis. Desejando expandir seu relaxamento criativo? Encha uma bola transparente de Natal, com miniaturas de lápis, pincéis e um livrinho. Descubra ideias no setor de miniaturas da loja de artesanato ou use argila para moldar suas próprias miniaturas. Se o que você deseja incluir for grande demais para caber em uma bola de Natal, compre um potinho de vidro para substitui-la.

Pendure a bola de Natal ou mantenha o pote em um lugar onde você verá com frequência. Quando a vir, ela vai trazer o objetivo à sua mente consciente e reforçar seu compromisso com ele.

Você vai precisar de:

- Uma bola oca de plástico para artesanato (do tipo que se abre em duas metades, do tamanho que preferir) ou um pote de vidro transparente e pequeno;
- Bugigangas, fotos ou outras representações do seu objetivo;
- Adesivo de contato ou massinha de modelar.

Como fazer:

1. Abra a bola de plástico. Na metade inferior, use suas bugigangas e outros itens para construir seu pequeno diorama ou mostruário, usando o adesivo de contato ou a massinha para fixar as coisas no lugar.
2. Com cuidado, encaixe a metade superior na bola. Pendure-a ou exponha-a onde você possa vê-la e lembrar-se do seu objetivo.

Tecelagem

A tecelagem é um artesanato mágico. Ela literalmente entrelaça materiais diferentes para criar um pedaço de tecido sólido e útil. Trata-se de uma atividade meditativa. Para este projeto, você pode usar qualquer cor de fio que desejar. Na primeira vez, tente usar um fio de lã ou linha de espessura média para a urdidura (ou seja, os fios posicionados na vertical); verifique a gramatura no rótulo ou etiqueta do fio: talvez ele mostre um símbolo em forma de bola de lã com o número 4. Você pode usar fios mais finos ou mais grossos, de acordo com a sua preferência, para a trama (ou seja, o fio horizontal que vai de um lado para o outro), mas o médio também é ótimo para isso. Quando chegar o momento de tecer de verdade, você pode usar uma ou várias cores diferentes, e mudá-las onde quiser.

Na teoria, este projeto parece demorado e complicado, mas é porque são necessárias muitas palavras para descrever o que fazer. Leia tudo antes de começar para saber o que esperar. Em resumo, você vai criar um tear de moldura e tecer uma tapeçaria nele.

Seguindo estas instruções, você vai criar uma peça tecida de cerca de 10 cm × 15 cm. Se preferir algo maior, escolha um pedaço de papelão proporcionalmente maior e use mais palitos de artesanato para levantar a urdidura por todo o tear.

Você vai precisar de:

Um pedaço de papelão medindo cerca de 15 cm × 20 cm;
Dois palitos de artesanato padrão (são palitos achatados, semelhantes a palitos de picolé);
Dois gravetos (ou mais dois palitos de artesanato);
Lápis;
Régua;
Tesoura ou estilete;
Fita adesiva;
Fio (espessura média ou um pouco menor, nas cores de sua preferência);
Agulha de tecelagem ou tapeçaria feita de plástico ou metal;
Garfo ou pente de dentes largos;
Cola.

Para montar o tear:

1. Posicione o retângulo de papelão à sua frente, na vertical.
2. Usando o lápis e a régua, desenhe uma linha no papelão a 1,5 cm da borda superior.
3. Meça 1,5 cm ao longo da borda esquerda e faça uma marca. Meça 1,5 cm da borda direita e faça uma marca ali também. Essas serão as bordas externas da sua peça tecida.
4. Entre essas duas marcas, faça dez marcações com espaçamento uniforme, riscando o espaço da linha horizontal que você traçou até a borda do papelão. (O espaçamento entre as marcações será de cerca de 1 cm, mas não se preocupe com medidas exatas.)
5. Repita as etapas dois, três e quatro ao longo da borda inferior do papelão.

6. Com a tesoura ou o estilete, faça cortes nas bordas do papelão ao longo dessas marcações, parando na linha horizontal do lápis. Faça isso na parte superior e inferior do papelão.
7. Posicione um dos palitos sobre a linha riscada a lápis na parte superior do papelão. A borda do palito deve estar alinhada ao local onde os cortes verticais terminam. Cole o palito nessa posição. Repita a operação na parte inferior do papelão, com o outro palito de artesanato. (Esses palitos farão com que os fios da urdidura não fiquem apoiados diretamente no papelão, permitindo que você tenha espaço para deslizar a agulha por baixo dos fios enquanto tece. Eles também reforçam o papelão para que ele não rasgue junto aos cortes verticais.)
8. Enquanto a cola seca, meça um pedaço de fio de cerca de 2 m de comprimento para a urdidura. Use um pedaço de fita adesiva para prender uma ponta no verso do tear, na parte superior do papelão. Passe-o por cima do topo e deslize-o para baixo, encaixando-o na primeira incisão ao longo da borda superior. Então desça o fio e encaixe-o na primeira incisão ao longo da borda inferior.
9. Passe-o por trás do tear e traga o fio para a frente através da segunda incisão ao longo da borda inferior. Passe o fio para cima, sobre a borda superior, encaixando-o na segunda incisão ao longo dessa borda.
10. Conduza o fio por trás do tear e passe-o pela borda superior de novo, encaixando-o na terceira incisão. Continue fazendo esse processo em todo o tear. Quando chegar à última incisão, prenda a ponta atrás do tear com outro pedaço de fita adesiva.

Para tecer:

1. Comece com um pedaço de fio de cerca de 60 cm de comprimento na primeira cor que escolher. (Mesmo que opte por usar uma cor só, você vai precisar trabalhar com um fio não muito comprido, então não trabalhe com mais do que 90 cm de cada vez.) Passe o fio na agulha: não é preciso fazer um nó.

2. Você pode começar em qualquer um dos lados. Deslize a agulha por baixo do primeiro fio vertical, por cima do segundo, por baixo do terceiro e assim por diante, até o fim da carreira. Deixe uma sobra de 10 cm de fio no início do trabalho.
3. Para a segunda carreira, faça a volta pelo fio de urdidura mais externo e, em seguida, passe por cima e por baixo dos fios de urdidura até voltar para o outro lado. Passe por cima dos fios onde você passou por baixo na primeira carreira e vice-versa. Não puxe demais o fio no fim da carreira; senão, você vai acabar entortando os fios mais externos da urdidura em direção ao centro. (Esses fios das extremidades são chamados de ourelas.)
4. Repita esse processo. A cada quatro ou cinco linhas, use o garfo ou pente de dentes largos para empurrar suavemente os fios da trama para baixo, em direção à base do tear. Não aperte muito; apenas arrume-os de modo que não sobre espaço entre as carreiras.
5. Você pode mudar de cor sempre que desejar, removendo a agulha do fio atual no início ou no fim de uma carreira. Deixe os últimos centímetros do fio pendurados na lateral e inicie um novo fio na cor da sua escolha. Se preferir continuar usando a mesma cor, deixe alguns centímetros do fio original de lado e comece um novo fio, deixando também alguns centímetros da nova peça de fio sobrando na lateral. (Você vai lidar com essas pontas depois.)
6. Continue até ter tecido todo o caminho do fio da urdidura até o topo do tear.

Acabamento:

1. Comece a tecer as pontas soltas. Passe a ponta de um fio solto pela agulha e entrelace-a com cuidado no fio que agora já é parte do tecido formado. Primeiro, certifique-se de que você tenha dado a volta pela urdidura, para que não desfaça o início da carreira por acidente. Você pode aparar a ponta solta depois de entrelaçá-la no tecido por cerca de 2 ou 3 cm. Faça isso com cada ponta solta.

2. Pegue um dos gravetos ou palitos de artesanato extras e comece a levantar "alças" do topo da peça tecida, uma de cada vez, transferindo-as para o palito. Se essas alças estiverem muito frouxas ou se o graveto for muito fino, use dois gravetos/palitos do mesmo comprimento, unindo as extremidades com um nó. (Se for usar dois gravetos/palitos, você também pode colá-los; mas cuidado para que a cola não manche a peça tecida.)
3. Repita a operação na parte inferior com o outro graveto ou palito de artesanato.
4. Para pendurar a peça, corte um pedaço de fio com cerca de 25 cm de comprimento e amarre uma ponta em cada extremidade do graveto superior.

Dicas:

- Você pode costurar ou amarrar miçangas, pompons ou outros itens no tecido à medida que avança ou depois de terminar a tecelagem.
- Se você se interessar por esse tipo de artesanato, existem teares de moldura de madeira, como o de papelão que você fez para esse projeto, à venda.

Tigela artesanal de argila para oferendas

Este projeto cria uma pequena tigela para oferendas, com cerca de 7,5 cm de diâmetro. Uma tigela desse tipo é usada para oferecer algo às entidades. As oferendas podem ser simples, como uma flor ou um pouco de água, ou o que você ache que vai agradar.

Trabalhar com argila pode ser muito gratificante. É um jeito de se conectar ao elemento terra, a sensação de umidade fria pode ser relaxante, enquanto a pressão e a força necessárias para moldá-la tendem a ser satisfatórias. Você escolhe qual argila usar. Talvez a loja de artigos de arte da sua cidade ofereça diferentes tipos: algumas argilas secam naturalmente, outras precisam ir ao forno. Siga as instruções da embalagem para trabalhar e dar acabamento à argila que você escolher.

Você vai precisar de:

Luvas de plástico (opcional);
Argila (recomendo uma argila de secagem natural);
Jornal.

Como fazer:

1. Vista as luvas, se for usá-las, e cubra a superfície de trabalho com o jornal.
2. Separe um pedaço de argila com cerca de 10 cm de diâmetro e forme uma bola.
3. Pressione o polegar no centro. Não atravesse até o outro lado.
4. Comece trabalhando as extremidades para criar as laterais da tigela. Na parte de cima, vire as beiradas para fora com delicadeza, para criar uma inclinação suave.
5. Molde ou alise o fundo da tigela.
6. Se desejar, faça desenhos dentro ou fora da tigela (veja as dicas a seguir).
7. Deixe a tigela secar naturalmente.

Dicas:

- Pintar a argila antes que ela seque pode criar um efeito craquelado; no entanto, dependendo da combinação entre a tinta e a argila, ela também pode descamar. O tipo de tinta que você deve usar depende do tipo de argila que escolher para trabalhar. Pesquise quais tintas são mais adequadas para cada argila e faça um teste antes de pintar sua tigela.
- Você pode pressionar ou moldar com cuidado a borda superior da tigela para criar um acabamento ababadado.
- Para esse projeto básico, você não precisa de nenhuma ferramenta específica. No entanto, se quiser fazer desenhos na tigela, pode usar palitos de dente, uma pequena chave de fenda, uma caneta esferográfica seca e/ou algo semelhante. Se aproveitar alguma coisa que já tenha em casa e que pretenda continuar usando depois, lave bem para evitar que a argila seque nos sulcos.

5

Autocuidado com o lar

Capítulo 5

Sua casa é seu retiro espiritual. É o seu ponto de partida todo dia de manhã e o local para onde retorna à noite. Por isso, a energia do espaço deve refletir a proteção, o acolhimento e o apoio que precisa obter dele. Manter a energia no melhor alinhamento possível beneficia você e todos que usam o espaço. Isso significa limpá-la ou purificá-la com frequência, empregar barreiras energéticas para defendê-la de energias indesejadas e trabalhar para mantê-la em boa forma física também.

Crie conforto

Cercar-se de coisas que te ofereçam conforto ajuda a liberar a tensão. A ideia de um ambiente que te apoia e nutre é encorajada pela magia. Criar um espaço mágico com uma energia que apoie seus objetivos é uma prática muito comum para uma bruxa. Também é uma excelente atitude de autocuidado. Programar a energia do ambiente para nutrir seu espírito acrescenta um toque a mais na decoração do espaço com objetos que te dão alegria.

Em primeiro lugar, analise seu espaço. Do que você gosta? O que te frustra? Tem alguma coisa nele que você associa a lembranças ruins? Existem elementos que fazem você se sentir estranha ou muito mal? Anote-os. Se puder, tire essas coisas do ambiente.

Pense na visão para os seus cômodos. O que você gostaria de ver mais entre as coisas que já estão neles? O que eles não têm, mas você gostaria de incluir? Existe algo que você gostaria de acrescentar para atrair uma energia específica?

Um cômodo com muita informação visual pode te fazer feliz? Em caso afirmativo, analise o motivo. É porque te distrai? Isso te ajuda a não pensar nas coisas? Talvez você esteja fugindo da realidade, e isso não é saudável no longo prazo. Ele pode gerar uma espécie escape da rotina diária, mas fugir da realidade não é um mecanismo de enfrentamento sustentável.

Pense no que você pode acrescentar que te daria paz. É uma cor específica, uma textura? O que você pode remover para melhorar sua sensação nesse cômodo?

Espaço entulhado, energia entulhada

Algo que você precisa considerar é o acúmulo. Pode ser assustador mexer nisso, mas entulhar um espaço que deveria ser calmante tem um efeito contrário. Mesmo que você não perceba isso de forma consciente, o acúmulo é um estresse que te afeta. Você pode até começar a aceitá-lo como parte do espaço, se ele estiver lá por muito tempo, e não é isso que você quer.

Reduza a quantidade de coisas. Essa pode ser uma tarefa difícil se você for acumuladora ou gostar de colecionar. Se for esse o caso, pense em organizar tudo de um jeito que crie harmonia, e não um entulho visual. Acumular muita coisa em um espaço pequeno é uma receita para a tensão. Reduza o que puder. Uma profusão de cores também pode ser visualmente estressante.

Manutenção diária

No fim de cada dia, percorra cada cômodo e faça uma arrumação rápida. Incentive os outros membros da família a fazerem o mesmo. A manutenção leve e contínua é muito mais fácil do que investir muito tempo na reestruturação de um cômodo. (Lembre-se: o autocuidado serve para tornar as coisas mais fáceis e menos estressantes para você!)

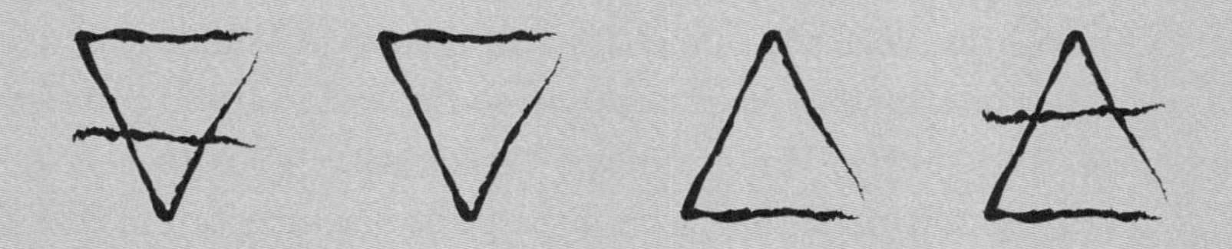

Equilíbrio dos elementos

Os quatro elementos clássicos são terra, ar, fogo e água. Cada um tem uma energia específica associada a si. Muitas pessoas costumam ter afinidade com um ou mais elementos e acham que a energia relacionada a eles é calmante.

Em termos muito básicos, as energias dos elementos são:

- Terra: estabilidade, firmeza, aterramento e prosperidade;
- Ar: leveza, adaptabilidade e pensamento claro;
- Fogo: paixão, atividade e mudança;
- Água: purificação, fluidez, transformação e cura.

Um bom exercício é passar um tempo em um cômodo e se abrir para a energia do ambiente. Qual é a sensação do local? Ele tende muito para um elemento específico?

Trabalhar com a energia dos elementos em um lar pode envolver buscar corrigir um desequilíbrio de energia (controlar a presença excessiva de um elemento introduzindo a energia de outro), ou estimular a presença de um elemento para aumentar a sensação desejada em um ambiente. Por exemplo, um quarto deve ser relaxante e calmo para incentivar o descanso adequado. Um excesso de energia do ar ou do fogo não seria propício para isso.

Se você tiver um acúmulo de energia relacionada a um elemento, tente equilibrá-la com a força de outro elemento de energia mais condutiva. Por exemplo, se houver muita energia do ar no quarto, não adicione o poder do fogo; em vez disso, busque a energia da terra. Você também pode usar o elemento água, mas pense no objetivo final do cômodo e equilibre como achar mais adequado.

Como introduzir a energia dos elementos?

- A cor é um jeito fácil de fazer isso. Pense na sua reação emocional às cores e escolha uma ou duas que reforcem o tipo de energia que está procurando. Outro jeito de escolhê-la é observar as associações tradicionais de cada cor (o vermelho é associado à paixão e à atividade, o azul está ligado à paz e à proteção, o verde está relacionado à saúde e à abundância e assim por diante) e selecionar uma ou duas que vibrem com a energia que você está procurando. Teste a sua reação emocional primeiro; a forma como você reage às cores é mais válida para os seus propósitos do que listas genéricas.
- As plantas trazem a energia da terra. Elas também oferecem o bônus de limpar o ar e garantir uma energia positiva em geral. Mas cuide bem delas, pois plantas mortas têm o efeito oposto.
- Cristais e pedras carregam a própria energia nativa, além de serem excelentes veículos para a energia que você programa neles. São associados à terra em geral, mas cada pedra tem sua energia, que você pode usar para ajudar a equilibrar um cômodo. Se o ambiente lhe parecer menos positivo ou apoiador do que deseja, tente manter ali um quartzo rosa para transformar a energia negativa em energia positiva. Use um pedaço de ametista para criar uma sensação de paz e assim por diante.

Limpeza e purificação

A manutenção da energia da sua casa deve ser uma prioridade. Felizmente, isso é fácil de fazer. Conforme mencionado, os cristais e as plantas domésticas podem ser usados para purificar, de maneira passiva e constante, seu espaço em uma escala menor; mas você vai precisar fazer uma limpeza maior e mais ativa da energia negativa com certa regularidade para manter seu espaço na melhor forma possível de modo a apoiar o seu bem-estar.

Aqui estão algumas formas de limpar a energia da sua casa:

- Passe uma vassoura, visualizando a energia negativa sendo quebrada e levada para fora;
- Queime um maço de sálvia seca amarrada. Essa planta é excelente para banir energias negativas;
- Use um *spray* purificador ou um pó de limpeza, como os exemplos a seguir.

Spray purificador

Use este *spray* simples para ajudar a purificar os cômodos da sua casa.

Você vai precisar de:

- 1 xícara de água destilada;
- 1/4 de colher de chá de sal;
- 10 gotas de óleo essencial de sândalo;
- 8 gotas de óleo essencial de olíbano;
- 6 gotas de óleo essencial de lavanda;
- 4 gotas de óleo essencial de rosa diluído;
- Um frasco borrifador.

Como fazer:

1. Despeje a água no frasco borrifador. Adicione o sal e agite para dissolvê-lo e misturá-lo.
2. Adicione os óleos essenciais e agite para misturá-los.
3. Para usar, borrife o cômodo que deseja purificar ou eliminar a energia negativa.

Pó de limpeza

Os pós são salpicados em uma área para espalhar as energias mágicas de modo que elas façam o seu trabalho. Depois, eles são varridos ou aspirados. Nesta mistura, em termos de purificação, o sal é o vencedor. Ele é ancorado pelas propriedades de limpeza, proteção e bênção do alecrim e da sálvia e pela positividade da rosa. Em teoria, ele não é um pó, porque o sal não é moído; mas ninguém vai te impedir de chamá-lo assim. (Para fazer um pó de verdade, use amido de milho no lugar do sal. Você vai perder as propriedades purificadoras do sal, embora os outros ingredientes ainda carreguem essa energia.)

Você vai precisar de:

3 colheres de sopa de sal refinado;
1 colher de chá de sálvia desidratada;
1 colher de chá de pétalas de rosa desidratadas;
1 colher de chá de alecrim desidratado;
Uma tigela pequena.

Como fazer:

1. Coloque o sal na tigela.
2. Esfarele as ervas secas no sal, deixando os pedacinhos delas do menor tamanho possível. (Se tiver um almofariz, utilize-o para moer as ervas secas primeiro.)
3. Use os dedos para misturar as ervas e o sal. Faça uma pausa com os dedos na mistura e diga: *"Pó, eu te ordeno a limpar e purificar a energia do local em que for salpicado. Que assim seja".*
4. Salpique pitadas da mistura pela área que deseja limpar. Deixe-o agir por cerca de uma hora ou da noite para o dia. Varra ou aspire o pó no dia seguinte. Descarte-o em uma lixeira externa.

Dica:

- Você pode adaptar esse método para qualquer propósito mágico que deseje. Usando sal ou amido de milho como base, você pode incluir quaisquer ervas que vibrem com a energia do seu objetivo.

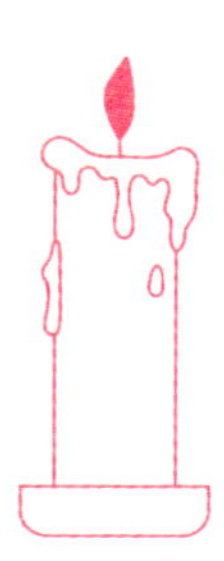
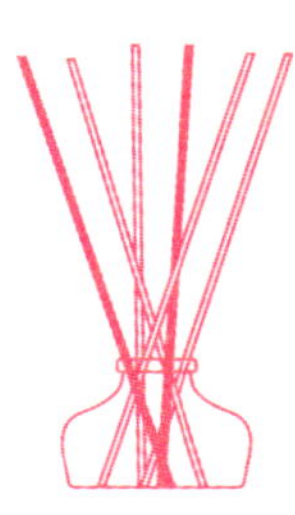

Música

Uma das maneiras de afetar a energia da casa e também de impactar seu autocuidado é tocando música. O Capítulo 4 apresentou a maneira como tocar música pode impactar os aspectos emocionais e criativos do autocuidado. A música também pode ser usada para afetar a energia de um espaço.

As ondas sonoras são energias que se movem. É fácil aproveitar essa energia para interferir na atmosfera de um espaço.

Se seu objetivo for fragmentar a energia negativa ou estagnada de um espaço, você pode usar tambores, maracas ou bater palmas com força. Caminhe pelo espaço em que estiver trabalhando, lembrando-se de alcançar cantos e áreas onde a energia não circule bem.

Se desejar ajustar uma energia que esteja um pouco fora de sincronia, ou acalmar uma energia inquieta, considere usar uma tigela tibetana, que é feita de metal e cria uma nota sustentada quando deslizamos, com leveza, uma espécie de martelo ao redor da borda. Deslizar um dedo na borda úmida de uma taça de vinho pode ser um substituto, se necessário, mas nada supera as camadas ricas e complexas de uma tigela tibetana. Os sinos também são instrumentos comuns para melhorar ou acalmar a energia de um espaço. Use um único sino e toque-o por todo o cômodo, fazendo pausas entre os toques para deixar as vibrações fluírem.

Os sinos de vento também funcionam para quebrar a negatividade ou para gerar energia positiva, dependendo de seu tamanho e afinação. Os mais graves tendem a ser bons para afastar ou fragmentar a negatividade, enquanto os mais leves e agudos funcionam bem para acalmar a energia ou elevar a energia agradável já presente.

Cantar também pode transformar a energia negativa em energia positiva. Um canto bastante usado é o mantra *om*, mas fique à vontade para procurar outros cantos na internet e aprendê-los. Se você mesma for cantar, isso também afetará sua vibração pessoal de forma positiva. Se preferir reproduzir uma gravação, não tem problema, mas o efeito será um pouco diferente.

Proteja a energia do seu lar

Depois que você passa a purificar sua casa com frequência, não faz sentido proteger a energia dos espaços para não precisar fazer tanto trabalho doméstico espiritual? Mantenha a energia negativa o mais longe possível, e a sua casa vai parecer muito mais segura, permitindo que você relaxe mais.

Existem várias maneiras fáceis de proteger a energia da sua casa:

- Plante ao redor da casa arbustos ou plantas associadas à proteção, como zimbro, peônias, hera e manjericão;
- Pendure uma trança de cebola ou alho em casa para absorver a energia negativa (não coma essas cebolas e alhos! Depois de um ano, faça a compostagem e compre uma nova trança);
- Desenhe um símbolo de proteção com um marcador embaixo do tapete de boas-vindas;
- Desenhe símbolos de proteção nas janelas com água salgada. Faça o mesmo sobre as portas e ao redor das fechaduras;
- Espalhe pela casa pedras com propriedades de proteção, como obsidiana, ônix e ametista.

Vela pilar para melhorar a energia da casa

Um dos gestos mais simples de autocuidado é acender uma vela. Há algo de reconfortante em iniciar a luz; a chama é uma coisa viva, e a luz que ela emite é quente. Este feitiço mostra como preparar uma vela pilar comum dedicada ao autocuidado, usando uma técnica chamada *carregamento*. Ele usa ervas em pó e óleos, além de palavras gravadas na vela. Essas técnicas também podem ser aplicadas a outros tipos de velas, então fique à vontade para experimentar. Use esta vela para aumentar a energia restauradora e de apoio da sua casa. Experimente também aproveitar estas instruções para outros propósitos mágicos: para isso, ajuste as ervas, os óleos e as pedras ao seu objetivo.

Você vai precisar de:

1 pitada de lavanda desidratada;
1 pitada de camomila desidratada;
1 pitada de pétalas de rosa desidratadas;
Uma vela pilar;
Uma vela de *réchaud;*
Um almofariz;
Uma lasca pequena de quartzo rosa;
Um castiçal ou base;
Óleo essencial de sândalo;
Picador de gelo, espeto de metal
(de uma ponta só) ou prego comprido;
Fósforos ou isqueiro.

Como fazer:

1. Centre-se e aterre-se.
2. Vire a vela pilar de cabeça para baixo.
3. Acenda a vela de *réchaud* e aqueça na chama a ponta do picador de gelo, espeto ou prego. Quando o metal estiver quente, empurre-o com delicadeza no fundo da vela, em paralelo ao pavio, para fazer um buraco fundo. (Não enfie muito perto do pavio; deixe cera entre o pavio e o buraco que você está fazendo.) Se desejar, você pode reaquecer o metal e inseri-lo de novo na vela para aumentar o orifício e facilitar o carregamento da vela.
4. Triture as ervas secas no almofariz para transformá-las em um pó o mais fino possível. Adicione uma gota de óleo de sândalo e use o socador para misturar.
5. Com cuidado, pegue pitadas da mistura de ervas e insira-as com delicadeza no buraco. Pinças podem ajudar, ou você pode aumentar um pouco mais o buraco. Quando tiver enchido o espaço, insira também a lasca de quartzo rosa. Para selar, pingue um pouco da cera líquida da vela de *réchaud* sobre a lasca de pedra ou aproxime a chama de um fósforo ou isqueiro da cera ao redor do orifício (sem tocar nela).
6. Para usar, apoie a vela pilar em um castiçal ou algum tipo de base.

Altares e santuários

Altares e santuários podem ser ferramentas úteis no autocuidado espiritual. Eles servem para proporcionar um lugar no lar onde você possa fazer contato com o Divino ou fortalecer seu estado de espírito. No entanto, é comum haver uma confusão entre eles. Qual é a diferença entre os dois?

- Um altar é um espaço onde você realiza suas atividades mágicas ou ponto focal para adoração.
- Um santuário é uma pequena coleção de objetos reunidos para honrar ou aprimorar um foco.

Os altares costumam ser usados para a adoração ativa de uma deidade. Enquanto um santuário honra algo ou alguém, um altar é uma interface ativa — ou interativa! — para a adoração ou a prece religiosa.

Criando um santuário de gratidão

Este santuário oferece um lugar semipermanente para você expressar gratidão por tudo que há de bom na sua vida. Ele também serve ao propósito de lembrá-la de ser grata, para que você não se esqueça de todas as bênçãos que recebe. Esta pode ser uma estratégia fundamental para combater a tendência cotidiana de se deixar afetar pelas coisas que dão errado. Ver o seu santuário de gratidão deve te animar.

Os suprimentos listados são apenas sugestões. Se outras coisas te atraem — conchas, fotos, miniaturas de animais, animais de origami —, use-as para montar seu santuário de gratidão.

Você vai precisar de:

Uma toalha ou bandeja pequena;
Um cartão com afirmação ou citação inspiradora;
Uma pedra de quartzo rosa;
Uma pedra de quartzo transparente;
Uma vela votiva (da cor de sua preferência) e um castiçal;
Fósforos ou isqueiro.

Como fazer:

1. Escolha um espaço que possa ser acessado e visto com facilidade, mas não bem no meio do vai e vem da casa para que não seja desarrumado quando alguém estiver procurando as chaves. Utilize uma superfície plana e protegida.
2. Estenda uma toalhinha ou uma bandeja.
3. Organize os objetos de maneira agradável sobre o espaço. Coloque a vela no castiçal em um local seguro.
4. Para usá-lo, centre-se e aterre-se, acenda a vela e diga algo como:

   Grande universo,
   Obrigada pelas minhas muitas bênçãos.
   Eu te agradeço pelos alimentos que recebo,
   Pelo teto sobre a minha cabeça,
   Pelos confortos de que eu desfruto,
   Pela família que me apoia,
   Pelos amigos que me amam,
   E pela saúde de que eu gozo.
   Que eu seja sempre grata por essas bênçãos e por todas as outras.

5. Você também pode escrever coisas pelas quais é grata em pedaços de papel e deixá-los no santuário de gratidão.
6. De vez em quando, coloque um copinho de água, vinho ou outra bebida no santuário, como mais uma forma de demonstrar gratidão.

Dicas:

- Você também pode usar uma pequena prateleira de parede para criar um santuário de gratidão.
- Adicione algumas gotas de óleo essencial à vela. Para isso, queime-a até aparecer uma pocinha de cera líquida, apague a vela, adicione as gotas de óleo à cera líquida e então reacenda-a.

Crie um santuário na caixinha

Este santuário é construído em uma caixinha de madeira que pode ser aberta e fechada. O ideal é que você possa abri-la e colocá-la em pé sobre o lado menor. Dependendo do tamanho, é possível que consiga viajar com ela. Se a caixa tiver profundidade suficiente, você pode até colocar estatuetas em seu interior.

Você vai precisar de:

Uma caixa de madeira com tampa articulada, que pode ser encontrada em lojas de artesanato (rasa, não muito funda);
Um pincel de espuma;
Pequenos itens, como bijuterias, flores secas, flores de seda, adesivos de *scrapbook*, lantejoulas, miçangas, conchas e assim por diante;
Imagens pequenas, recortadas de revistas ou impressas da internet;
Tintas acrílicas e pincéis;
Cola com *glitter;*
Cola;
Termolina leitosa (ou cola para decupagem).

Como fazer:

1. Considere a que você quer que este santuário seja dedicado. Felicidade e alegria? Paz e harmonia? Reúna pequenos itens que representem o seu tema para decorá-lo.
2. Posicione a caixa de madeira na sua frente, de modo que as dobradiças fiquem à esquerda. Destranque-a e abra-a como um livro. Em seguida, incline-a na sua direção para que ela fique em pé sobre o lado menor, com a tampa ainda aberta para a esquerda, como a capa de um livro.
3. Planeje como vai pintar a caixa. Pinte-a e deixe-a secar. (Lembre-se de que você também pode pintar o exterior da caixa!)
4. Enquanto a tinta seca, reserve um tempo para posicionar os itens em um arranjo agradável e que seja significativo para você. Lembre-se de que pode preencher todas as paredes da caixa, não só a parede inferior/traseira e a tampa interna.
5. Transfira o arranjo para a caixa, colando peça por peça. Se desejar, use a cola com *glitter* para decorar. Quando estiver seco, sele tudo aplicando termolina leitosa com o pincel de espuma.

Crie um altar para si mesma

Você pode se sentir desconfortável com a ideia de adorar a si mesma, ou sentir que não é digna de adoração, mas isso precisa mudar! Todo mundo tem uma centelha divina dentro de si. Isso é digno de adoração. Você também é digna de adoração como instrumento do Divino.

Reúna coisas que você associa a si mesma. Fotos que você ama, bijuterias e bugigangas; itens que você talvez não use mais, mas ainda ama, também se enquadram nessa categoria. Objetos da sua infância são ótimos para usar, principalmente se eles te lembrarem de momentos felizes. Livros preferidos? Cores preferidas? Reúna tudo para ajudar a montar esse espaço de autocuidado para honrar a si mesma.

Escolha um local para montar o altar. Uma pequena prateleira de parede em algum lugar é uma ótima ideia, se desejar que o altar seja pequeno e simples. Você pode pendurar fotos ou arte na parede acima ou ao redor dele. Decore-o como preferir: com conchas, lenços drapeados, figuras de ação etc. Isso tudo é dedicado a você. Deixe espaço para uma vela. Uma boa ideia para proteger os objetos ao redor é utilizar uma vela votiva em um castiçal de vidro mais alto que ela.

Você vai precisar de:

Uma foto sua emoldurada (do tamanho de sua escolha);
Duas ou três das suas pedras ou cristais preferidos;
Uma vela (da cor de sua preferência) e um castiçal;
Representações das suas atividades (trabalho, hobbies e assim por diante);
Representações de eventos da vida (como ritos de passagem, medalhas, troféus e assim por diante);
Fósforos ou isqueiro.

Como fazer:

1. Reúna os itens escolhidos no local que você designou para montar o altar. Posicione a vela no centro e disponha os outros objetos ao redor.
2. Ao distribuí-los, reserve um momento para lembrar o quanto se sentiu orgulhosa ou feliz em cada estágio ou conquista da vida. Aprecie o quanto você trabalha duro no seu emprego. Sinta gratidão pelos seus hobbies. Enquanto monta o altar, reforce o sentimento de orgulho e amor por si mesma e pela pessoa que você é.
3. Quando o altar estiver completo, centre-se e aterre-se. Acenda a vela. Olhe lenta e deliberadamente para os itens que você reuniu e exibiu.
4. Diga:

   Eu honro a mim mesma.
   Eu honro a minha força.
   Eu honro o passado que me trouxe até aqui.
   Eu honro as minhas habilidades e os meus talentos.
   Eu honro a minha determinação.
   Eu honro a minha necessidade de espaço e tempo para mim mesma.
   Eu honro os meus direitos.
   Eu honro o meu potencial.

5. Quando terminar, você pode apagar a vela.
6. Pelo menos uma vez por semana, volte ao altar e acenda a vela. Deixe seu olhar percorrer a coleção de itens que compõem o altar e orgulhe-se de quem você é. Repita a oração anterior, se preferir. Vá ao altar quando se sentir esgotada, lutando contra a baixa autoestima ou duvidando dos seus talentos.

Dica:

- Esse altar não é para ficar paralisado. Ele é um trabalho em andamento. Acrescente itens a ele sempre que desejar.

Aromaterapia

Como forma de controlar o estresse e melhorar o humor, a aromaterapia é uma ferramenta fantástica no seu arsenal de autocuidado. A magia muitas vezes considera a aromaterapia um elemento secundário, pois o principal uso dos óleos e ervas é pelas energias de cada um deles. No entanto, é muito bom quando as sinergias — as combinações que podemos criar — resultam em uma boa fragrância.

O aroma é um dos mais fortes gatilhos de memória. Isso não é uma surpresa, pois apesar da aparente intangibilidade, o aroma é inevitável e bastante ligado à emoção. Os receptores olfativos (no nervo olfativo) ficam ao lado da amígdala e do hipocampo, os centros emocionais do cérebro.

A aromaterapia usa plantas, flores ou óleos extraídos delas para afetar de forma positiva o seu estado fisiológico ou físico. A base científica é que certos compostos estimulam diferentes áreas do cérebro ou a produção de neurotransmissores que afetam o humor. Em geral, ela é segura, embora seja necessário ter cuidado ao trabalhar com óleos essenciais, não permitindo o contato com os olhos ou a parte interna do nariz; e, pelo potencial de irritação, certos óleos (como canela) não devem ser aplicados diretamente na pele. Os óleos essenciais também não devem ser ingeridos, porque podem danificar o fígado ou os rins. Só faça isso com a aprovação de um profissional de saúde qualificado, depois que ele tenha avaliado o seu estado atual de saúde, prescrições e medicamentos. Ingeri-los pode ser mais perigoso ainda porque os óleos essenciais não são regulamentados da mesma forma que os medicamentos, portanto, não há como confirmar se o óleo é o que especifica o rótulo e se não tem aditivo. Consulte um guia confiável para se informar sobre as orientações e o manuseio de óleos essenciais específicos, como o livro *Aromatherapy: Essential Oils for Vibrant Health and Beauty,* de Roberta Wilson.

Armazene seus óleos essenciais e suas sinergias de óleos em um local escuro para evitar que os componentes se decomponham ou estraguem.

Os usos comuns dos óleos essenciais incluem diluí-los em água e aquecê-los em um difusor (ou pulverizar a solução diluída no ar) e diluí-lo em um óleo carreador — como óleo de amêndoas doces, jojoba ou semente de uva — para aplicá-lo na pele. Um método simples e eficiente de fazer uso da aromaterapia é pingar uma gota de óleo em uma bolinha de algodão e mantê-la em um saquinho com lacre de vedação. Carregue-o consigo durante o dia, abrindo o saquinho para inalar o aroma quando for necessário.

Aqui estão alguns óleos essenciais úteis na prática do autocuidado (os benefícios mágicos e físicos estão reunidos em um só):

- Jasmim: o óleo essencial de jasmim tem um subtom verde e é usado para meditação, clareza e amor-próprio. O aroma é floral, mas limpo.
- Lavanda: conforme detalhado nos capítulos anteriores, a lavanda é maravilhosa como óleo e erva para o autocuidado. É usada para relaxar e tem um efeito sedativo ótimo para acalmar e adormecer.
- Limão: o óleo essencial de limão é usado para felicidade, clareza, alegria e purificação.
- Olíbano: o óleo essencial de olíbano é usado para meditação, clareza e purificação. O aroma amadeirado é levemente picante.
- Sálvia esclareia: o óleo essencial de sálvia esclareia é usado para otimismo, felicidade, relaxamento, ansiedade e confiança.
- Sândalo: de aroma amadeirado doce, o sândalo costuma ser usado em tradições espirituais. O óleo essencial é usado para meditação, relaxamento sem efeito sedativo, purificação, calma e clareza.
- Ilangue-ilangue: óleo floral doce, usado para relaxamento e serenidade.

Sinergias aromaterápicas para o autocuidado

Existe uma variedade de maneiras de incorporar a aromaterapia ao seu autocuidado. A mais rápida e fácil é aplicar uma gota da sinergia na parte interna do pulso, para que o aroma e os benefícios físicos dos óleos fiquem disponíveis de imediato. Há diversos tipos de bijuterias próprias para difundir os aromas, como pingentes difusores ou pulseiras feitas de pedra de lava, uma substância porosa que absorve as gotas de óleo pingadas sobre ela, liberando o aroma aos poucos, ao longo do dia.

Os óleos essenciais são muito concentrados. Para serem usados sobre a pele, costumam ser diluídos em um óleo carreador, como óleo de amêndoas doces, de jojoba ou de semente de uva. A difusão nem sempre requer um óleo carreador; portanto, se estiver preparando uma sinergia para esse tipo de difusão (em outras palavras, se não for aplicá-la na pele), você pode omitir o óleo carreador de qualquer receita que esteja seguindo. Rotule a mistura e especifique se ela contém um óleo carreador!

A difusão é o processo pelo qual um óleo é disperso em um local. Existem várias maneiras de fazer isso.

- Gotejar o óleo em um pedaço de algodão e mantê-lo em um saquinho com lacre de vedação permite que você o carregue consigo. Abra o saquinho, aproxime o rosto dele e inale o aroma. Esse é um ótimo método para ter uma sinergia à mão durante um voo ou no trabalho.
- Você pode adicionar gotas de óleo a uma garrafinha de água destilada. Agite e borrife em sofás, camas, tapetes ou no ar para adicionar uma fragrância ao ambiente.

- A difusão pelo vapor é outro método simples. Ferva de uma a duas xícaras de água, transfira para uma tigela e adicione gotas de óleo. O calor do líquido vai dispersar o aroma pelo ambiente. (Talvez você conheça esse método, se já tiver colocado uma toalha sobre a cabeça em cima de uma tigela de água fervente — com ou sem uma ou duas gotas de óleo de eucalipto — para ajudar a aliviar o congestionamento nasal). Paus de canela, cravo-da-índia e casca de laranja fervidos deixam a casa com um aroma aconchegante no Natal.
- Um pratinho em cima de um castiçal pode se tornar um difusor à base de vela. Coloque uma ou duas colheres de sopa de água no prato e adicione gotas de óleo. A vela aquece a água e os óleos, fazendo o aroma ser liberado no ar. Um difusor elétrico faz a mesma coisa, só que ele usa eletricidade para aquecer o prato.
- Um nebulizador pode decompor os óleos em partículas menores e difundi-las no ar. Os nebulizadores também são alimentados por uma bomba elétrica.
- Um jeito encantador e relaxante de desfrutar da aromaterapia é por meio do banho. Você pode adicionar algumas gotas da sinergia escolhida na água, depois de encher a banheira, ou misturá-las em uma quantidade maior de óleo carreador para criar um óleo de banho. (Veja o Capítulo 3 para receitas de óleo de banho.)

Aqui estão algumas sinergias mágicas que você pode usar em um difusor, bijuterias de aromaterapia ou pingar em quadradinhos de tecido e deixar em vários lugares.

Algumas dessas combinações exigem óleos que ainda não foram listados. Nesse caso, as propriedades mágicas associadas são mencionadas na receita.

Óleo suave para dormir

Aplique uma gota desta sinergia em cada têmpora e na parte inferior do pulso antes de dormir, ou pingue um pouco na beira da cama, perto do travesseiro. A receita rende cerca de 30 ml.

Você vai precisar de:

1 colher de sopa de óleo carreador;
10 gotas de óleo essencial de lavanda;
8 gotas de óleo essencial de sândalo;
5 gotas de óleo essencial de ilangue-ilangue;
Um frasco de vidro de 30 ml com tampa;
Uma etiqueta e caneta ou marcador.

Como fazer:

1. Centre-se e aterre-se.
2. Misture o óleo carreador e as gotas dos outros óleos em um frasco pequeno, concentrando-se no objetivo de ter um sono tranquilo. Tampe o frasco e segure-o entre as mãos, dizendo: *"Peço-lhe que me traga um sono reparador. Que o descanso seja profundo e que eu acorde revigorada. Que assim seja".*
3. Identifique o frasco com uma etiqueta.

Óleo da casa feliz

Esta é uma sinergia fantástica para usar em um difusor. Os óleos essenciais de laranja doce e bergamota carregam energias associadas à felicidade e à saúde. Esta combinação também vibra com energias associadas à purificação. A receita rende cerca de 30 ml.

Você vai precisar de:

1 colher de sopa de óleo carreador;
8 gotas de óleo essencial de limão;
8 gotas de óleo essencial de laranja doce;
8 gotas de óleo essencial de bergamota;
8 gotas de óleo essencial de sândalo ou olíbano;

Um frasco de vidro de 30 ml com tampa;
Uma etiqueta e caneta ou marcador.

Como fazer:

1. Centre-se e aterre-se.
2. Misture o óleo carreador e as gotas dos outros óleos em um frasco pequeno, concentrando-se no objetivo de ter uma casa feliz. Tampe o frasco e segure-o entre as mãos, dizendo: *"Peço-lhe que traga vibrações alegres a esta casa, para que todos os que vivem nela e a visitam sejam felizes. Que assim seja".*
3. Identifique o frasco com uma etiqueta.

Sinergia para atenção plena

Esta mistura te ajuda a se concentrar no presente em vez de ficar com a cabeça presa no passado ou se preocupar com o futuro. A receita rende 30 ml.

Você vai precisar de:

1 colher de sopa de óleo carreador;
10 gotas de óleo essencial de olíbano;
10 gotas de óleo essencial de sândalo;
5 gotas de óleo essencial de jasmim;
5 gotas de óleo essencial de sálvia esclareia;
Um frasco de vidro de 30 ml com tampa;
Uma etiqueta e caneta ou marcador.

Como fazer:

1. Centre-se e aterre-se.
2. Misture o óleo carreador e as gotas dos outros óleos em um frasco pequeno, concentrando-se no objetivo de atenção plena. Tampe o frasco e segure-o entre as mãos, dizendo: *"Peço-lhe que ajude a manter a minha mente no presente, focada no aqui e agora. Que assim seja".*
3. Identifique o frasco com uma etiqueta.

Incenso

O incenso é uma mistura de ervas e/ou resinas que é disposta sobre um pedaço de carvão em brasa, em um incensário ou em outro prato refratário para liberar aroma e energia. O incenso pode ser uma oferenda, uma forma de produzir energia receptiva; servir de apoio a um objetivo ou propósito específico, ou apenas ser algo para se desfrutar.

Aqui estão algumas observações gerais sobre os incensos:

- Use uma parte de resina para cada parte de matéria verde. Dessa forma, ele dura mais enquanto queima, e a resina tem uma doçura que equilibra o aroma mais acre da matéria herbal.
- Você pode adicionar algumas gotas de óleo essencial à sua mistura de incenso, mas não mais do que algumas, pois não é recomendado saturar a matéria herbal. Mexa a mistura depois de adicionar as gotas de óleo, e depois armazene-a em um recipiente com tampa bem vedada, para conservar o aroma até você precisar usar o incenso.
- O incenso solto é queimado sobre discos de carvão vendidos para esse fim, disponíveis em mercearias étnicas, lojas de artigos esotéricos ou lojas de suprimentos eclesiásticos. Segure o disco com uma pinça e aproxime-o de uma chama. O carvão vai acender, e várias pequenas faíscas vermelhas vão correr sobre ele. Depois de um curto período, a superfície do carvão vai começar a ficar vermelha. Apoie-o com cuidado em uma tigela refratária preparada com uma camada de areia, cascalho fino ou malha de metal. Quando o tablete estiver em brasa, polvilhe uma pitada da sua mistura para incenso sobre ele. A fumaça vai começar a subir.
- Menos é mais. Se você colocar muito incenso sobre o disco, pode sufocá-lo ou gerar uma quantidade impressionante de fumaça, que exigirá que você abra as janelas para arejar o cômodo.
- Tenha sempre um pequeno extintor de incêndio, uma garrafa de água ou uma tigela de areia por perto para apagar o carvão, se necessário.

Misturas para incenso

A maioria dessas receitas usa olíbano ou breu como componente em forma de resina. O olíbano é uma excelente resina versátil, com energias relacionadas à cura, purificação, bênção, meditação, serenidade, proteção e amor. O breu dourado é associado à purificação, limpeza de bloqueios, bênção, alegria, elevação do humor e combate à depressão.

Existem diferentes tipos de breu. Use o breu amarelo, também conhecido como copal dourado (Protium copal). Você ainda pode utilizar o breu branco (Shorea javanica), mas ele costuma ser mais caro.

Para misturar o incenso:

- Se a resina não estiver em pequenos grãos, use um almofariz ou pilão de pedra para socá-la. No entanto, não triture com muita força, ou a resina vai começar a derreter e ficar pegajosa. Tenha em mente que você precisa apenas partir as resinas em pedacinhos. Transfira-as para um frasco pequeno ou outro recipiente.
- Triture as ervas secas, uma de cada vez, ou esfregue-as entre os dedos para esfarelá-las. Adicione as gotas de óleo essencial às ervas secas, mexa bem e adicione-as ao recipiente com as resinas.
- Tampe e agite com delicadeza para misturar.
- Use meia colher de chá de incenso por vez, não mais do que isso.

Incenso da serenidade

9 a 12 gotas de óleo essencial de jasmim;
1 colher de chá de resina de olíbano;
1 colher de chá de resina de breu;
2 colheres de chá de pó de sândalo branco.

Incenso de aterramento

1 colher de chá de patchouli;
1 colher de chá de sândalo vermelho;
2 colheres de chá de resina de mirra;
1 gota de extrato de baunilha.

Incenso da alegria

1 colher de chá de casca de limão desidratada;
1 colher de chá de casca de laranja desidratada;
9 a 12 gotas de óleo essencial de bergamota;
2 colheres de chá de resina de breu;
1/2 colher de chá de gengibre em pó.

Incenso da paz

9 gotas de óleo essencial de gardênia ou ilangue-ilangue;
1 colher de chá de lavanda desidratada;
1 colher de chá de pétalas de rosa desidratadas;
2 colheres de chá de resina de olíbano.

Incenso de cura

1 colher de chá de âmbar;
1 colher de chá de resina de breu;
1 colher de chá de casca de limão desidratada;
1 colher de chá de casca de laranja desidratada.

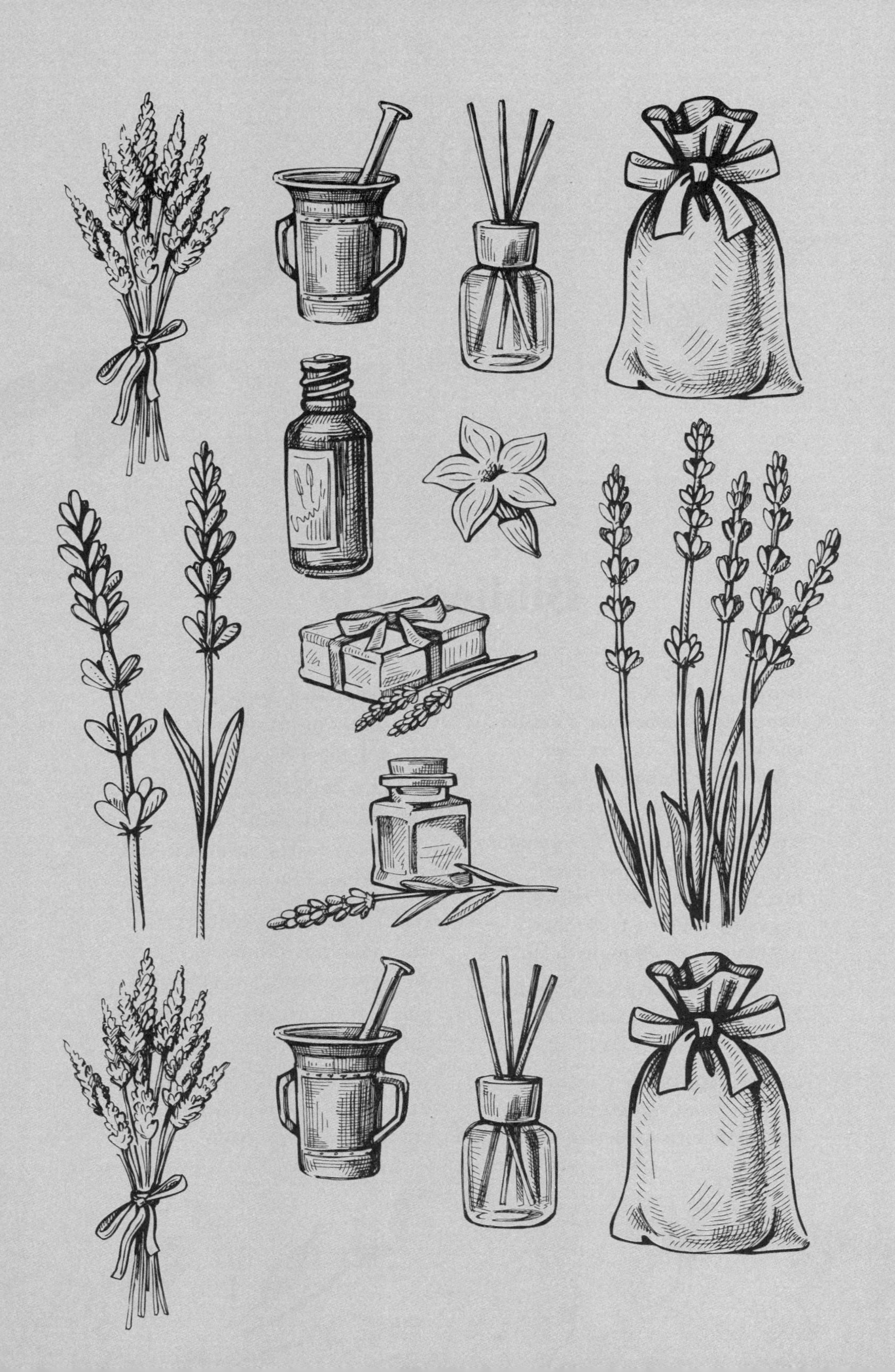

Bibliografia

Brown, Brené. *A Arte da Imperfeição: Abandone a Pessoa que Você Acha que Deve Ser e Seja Você Mesmo.* Rio de Janeiro: Sextante, 2020.

Cirillo, Francesco. *The Pomodoro Technique*. Disponível em: https://francescocirillo.com/pages/pomodoro-technique. Acesso em: 29 de maio de 2018.

Cunningham, Scott. *Cunningham's Encyclopedia of Wicca in the Kitchen*. St. Paul: Lewellyn, 2003.

Gilbert, Elizabeth. *Grande Magia: Vida Criativa Sem Medo.* Rio de Janeiro: Objetiva, 2015.

Hauck, Carley. Four Questions to Foster Your Authentic Self. *Mindful.org*. Chicago, 12 de outubro de 2016. Disponível em: www.mindful.org/4-questions-foster-authentic-self/. Acesso em: 7 de maio de 2018.

Hoffman, Rachel. Unfuck Your Habitat. *Tumblr.* [*S.l.*] 2 de maio de 2018. Disponível em: http://unfuckyourhabitat.tumblr.com/post/173510795531/depression-anxiety-addadhd-executive-function. Acesso em: 2 de maio de 2018.

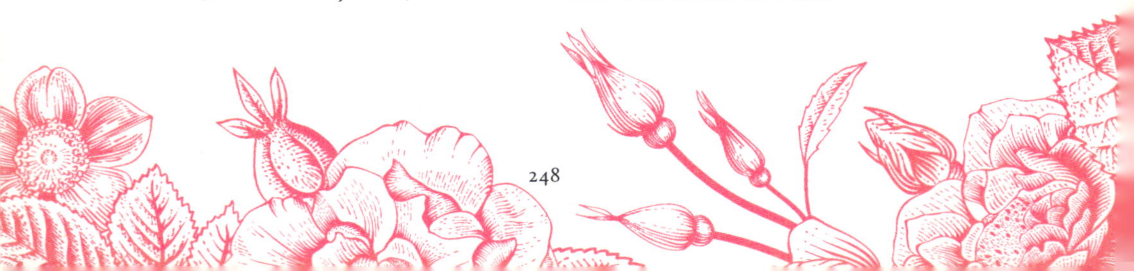

Hoffman, Rachel. Unfuck Your Habitat: You're Better Than Your Mess. Nova York: St. Martin's/Griffin, 2017.

Janssen, Mary Beth. *The Book of Self-Care: Remedies for Healing Mind, Body, and Soul*. Nova York: Sterling, 2017.

Linn, Denise. *Altars: Bringing Sacred Shrines Into Your Everyday Life*. Nova York: Ballantine Wellspring, 1999.

Morrison, Dorothy. *Everyday Magic: Spells & Rituals for Modern Living*. St. Paul: Llewellyn, 1998.

Murphy-Hiscock, Arin. *Bruxa Natural: Guia Completo de Ervas, Flores, Óleos Essenciais e Outras Magias*. Rio de Janeiro: DarkSide, 2021.

Murphy-Hiscock, Arin. *A Casa da Bruxa Natural: Guia Completo de Rituais, Feitiços e Receitas para Criar um Lar Mágico*. Rio de Janeiro: DarkSide, 2022.

Murphy-Hiscock, Arin. *Power Spellcraft for Life: The Art of Crafting and Casting for Positive Change*. Avon: Adams Media, 2005.

Murphy-Hiscock, Arin. *Protection Spells: Clear Negative Energy, Banish Unhealthy Influences, and Embrace Your Power*. Avon: Adams Media, 2018.

Murphy-Hiscock, Arin. *Solitary Wicca for Life: A Complete Guide to Mastering the Craft on Your Own*. Avon: Adams Media, 2005.

Norville, Andrea e Patrick Menton. *An Indulgence a Day: 365 Simple Ways to Spoil Yourself*. Avon: Adams Media, 2009.

O'Hara, Gwydion. *The Magick of Aromatherapy: The Use of Scent for Healing Body, Mind, and Spirit*. St. Paul: Llewellyn, 1998.

Wiking, Meik. *The Little Book of Hygge: The Danish Way to Live Well*. Londres: Penguin, 2016.

Wilson, Roberta. *Aromatherapy: Essential Oils for Vibrant Health and Beauty*. Edição revista e atualizada. Nova York: Avery, 2002.

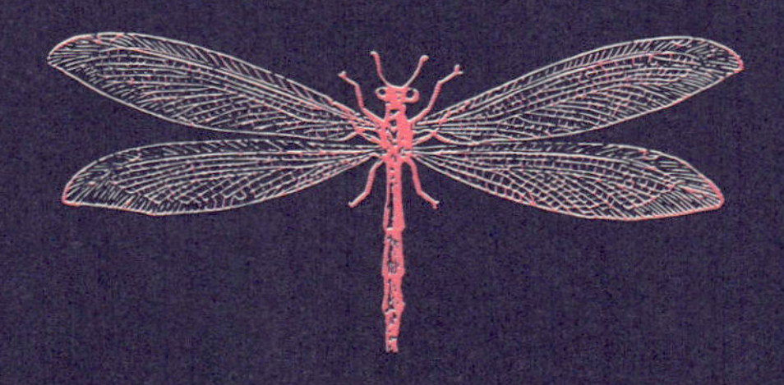

Agradecimentos

Gostaria de agradecer a Rebecca Thomas por me oferecer a oportunidade de escrever este livro. É um assunto muito precioso para mim e, embora minha agenda estivesse insana, eu sabia que precisava escrevê-lo!

Também quero agradecer às equipes da Ubisoft, Partworks e Hachette por serem tão compreensivas; fiz malabarismos com um número absurdo de projetos enquanto escrevia este livro. Agradeço a flexibilidade de vocês! Quero agradecer especialmente a Anouk, que também luta pelo autocuidado e pela defesa do seu tempo e energia enquanto equilibra um número incrível de pratos. Você é uma inspiração, Anouk, e fico feliz por te conhecer e trabalhar contigo.

ARIN MURPHY-HISCOCK é alta sacerdotisa do clã Black Forest. Atua há mais de vinte anos no ramo da espiritualidade alternativa e já escreveu diversos livros, entre eles *Bruxa Natural* e *A Casa da Bruxa Natural*, também publicados pela DarkSide® Books. Além de trabalhar como sacerdotisa em sua comunidade, realizando ritos de passagem e ministrando workshops ocasionais, ela também é editora. Mora em Montreal, no Canadá, e se dedica ao violoncelo e à costura nas horas livres.

MAGICAE

DARKSIDE

MAGICAE é uma marca dedicada aos saberes ancestrais, à magia e ao oculto. Livros que abrem um portal para os segredos da natureza, convidando bruxas, bruxos e aprendizes a embarcar em uma jornada mística de cura e conexão. Encante-se com os poderes das práticas mágicas e encontre a sua essência.